大震災の生存学

天田城介＋渡辺克典［編著］

栗原彬
土屋葉
佐藤恵
野崎泰伸
石井敏
郭基煥
アンジェロ・イシ
立岩真也

青弓社

大震災の生存学　目次

第9章　田舎はなくなるまで田舎は生き延びる　立岩真也　188

装丁――Malpu Design［清水良洋］

はじめに

渡辺克典

東日本大震災から四年以上が過ぎた。東日本大震災は、二〇一一年三月十一日に発生した太平洋沖を震源とする地震による「災厄」であり、戦後日本で最大級の被害を出した自然災害となった。まずここで、被災された方々に心からお見舞い申し上げます。

東日本大震災についてはすでに多くのことが語られ、さまざまな書籍・学術書も出版されている。そんななかで、本書は「大震災の生存学」を掲げて編纂した。そもそも、本書は二〇一三年一月十四日に立命館大学生存学研究センターが主催したシンポジウム「災《さい》／生《せい》――大震災の生存学」[1]を契機としている。そのため、はじめに「生存学」について簡単に紹介して、本書全体の位置づけを述べることにしたい。

生存学と大震災

「生存学」は、文部科学省・日本学術振興会で「我が国の大学院の教育研究機能を一層充実・強化し、国際的に卓越した研究基盤の下で世界をリードする創造的な人材育成を図るため、国際的に卓越した教育研究拠点の形成を重点的に支援し、もって、国際競争力のある大学づくりを推進することを目的とする事業」[2]として立ち上げられたグローバルCOEプログラムの一つとしてスタートした。同プログラムで二〇〇七年度に〈学際、複合、新領域〉として採択された一つが、立命館大学グローバルCOEプログラム「「生存学」創成拠点――障老病異と共に暮らす世界へ」である。同プログラムは二〇一一年度をもって終了しているが、その理念と活動は立命館大学生存学研究センターへと引き継がれている。

生存学[3]には、次の二つの特徴がある。第一に、生存学は「障老病異」を研究対象とする。「障老病異」とは、「障害」「老い」「病い」「異なり」を結び付けた言葉である。仏教用語である「生老病死」が生きていくうえでの苦を表すのに対し、「障老病異」を掲げる生存学は社会のなかで受苦者やマイノリティになりがちな「障害」「老い」「病い」「異なり」にある人々の生き抜く技法や生の過程に着目する。従来、これらの人々は「弱者」として恣意的に一括りにされ、医療や福祉、ときには統制や強制の対象になってきた。だがその一方で、「障老病異」の人々の生存は、ままならない日常のなかで生きる知恵や技法が創出される現場でもある。生存学は、そういった技法や生の過程を明らかにすることを通じて、新たな「学」の可能性を探究する営みである。

生存学の第二の特徴は、「障老病異」に対して①生存の現代史、②生存のエスノグラフィー、③生存をめぐる制度・政策、④生存をめぐる科学・技術という四つの課題群を打ち出していることである。これは、生存をめぐる生きる過程や社会の歴史を重視し、経験の記述や語りの抽出を集積・分析し、現在の制度・政策を問い直し／構想し、新たな科学のあり方やあるべき世界の実現方法を示すことを課題としていることを意味している。

こういった活動のなかで、生存学研究センターは二〇一一年三月十一日の東日本大震災にもさまざまな角度から取り組んできた。[4] 同年三月十五日に「障」「病」の人々に関する情報を「災害と障害者・病者：東日本大震災」[5] として公開した。このウェブサイトを情報発信の中心地としながら、さまざまな活動をおこない、九月に京都市で開催したシンポジウム「震災と停電をどう生き延びたか――福島の在宅難病患者・人工呼吸器ユーザー（他）を招いて」、十月に障害学会大会で立岩真也・野崎泰伸らが報告したシンポジウム「災厄に向かう――阪神淡路の時、そして福島から白石清春氏を招いて」、十一月の栗原彬と天田城介による「栗原彬インタビュー企画『3・11』論」の成果はすでに公刊されている。[6] 本書のもとになったシンポジウム「災／生――大震災の生存学」は、こういった活動のなかで開催された成果の一つである。

本書の構成

次に、本書のもとになったシンポジウム「災／生――大震災の生存学」と本書との関係を記しておこう。このシンポジウムは、それぞれ「外国人・移住者」「社会的排除」「障害者」をテーマとする三部のプログラムとして構成された（所属先はすべて当時のものである）。

災／外：災厄は移住者たちに何をもたらしたか

・「災害ユートピアと外国人――石巻在住外国籍住民のアンケート調査を中心に」郭基煥（東北学院大学）

・「三・一一から考える在日ブラジル人の災／生」アンジェロ・イシ（武蔵大学）

ディスカッサント：石田智恵（立命館大学）
司会：小泉義之（立命館大学）

特別講演
・「社会的排除を超えて――生存のための身振り」栗原彬（立命館大学）
司会：天田城介（立命館大学）

震災における障害者の「生」
・「「復旧」・「復興」からはなれた場所で――東日本大震災と障害をもつ人の「生」」土屋葉（愛知大学）
・「被災障害者支援の復興市民活動――阪神大震災・東日本大震災における障害者の生とその支援」佐藤恵（法政大学）
・「阪神淡路大震災における障害者支援――九〇年代前半の神戸の障害者運動にかかわった経験から」野崎泰伸（立命館大学）
司会：立岩真也（立命館大学）

シンポジウムのあと、このシンポジウムで報告された六報告について内容を吟味し、出版にあたって報告内容をそのまま掲載するのではなく、全体構成の軸を「社会関係」として再設定し、各報告やシンポジウムでの質疑応答をふまえたリライトをお願いした。ここでの「社会関係」にはさまざまな次元がありうるが、主眼を置いたのは――前述した生存学の課題群である――①生存の現代史、③生存をめぐる制度・政策である。すなわち、生存の現代史として、「障老病異」にある人々が震災前にどのような社会関係にあったのか、それが震災によってどう変化したのかについて取り上げることにした。また、生存をめぐる制度・政策として、大震災のさなかの人々にとっての制度や政策はどのような位置づけにあり、そして震災後にはどういった社会を形成していけばいいのか、これからの設計や構想についての視座を含むことを目指した。

さらに、シンポジウムでは取り上げなかったが、生存学の重要なテーマの一つである「老い」をめぐる問題について、編者である天田と建築学を専門とする石井敏（東北工業大学）による二つの章を追加した。また、「東日本」と名づけられた大震災に関して、地域・地方での「生存」という視点から立岩真也による論考を加えた。

これらの経緯によって、本書は全部で九章立てになり、目次はシンポジウムの流れには沿わず、「障老病異」の順序に沿うことにした。ただし、障害と病いについては、シンポジウムの第三部がそれにあたると判断し、「障害／病い」「老い」「異なり（マイノリティとしての外国人・移住者）」という並びにした。また、生存学は、「障老病異」をそれぞれ異なる現象として個別にアプローチするわけではなく、「障老病異」の人々に通底する生存のあり方を研究対象にしているという特徴を生かすため、全体を囲う章を冒頭（第1章）と末尾（第9章）に位置づけた。このことを念頭に置いて、各章について簡単に紹介していきたい。

第1章の栗原彬「大震災・原発災害の生存学——生存のための身振り」は、本書全体を連ねる章として位置づけられている。この章では、被災前から私たちの日常生活を構成している排除の構造(「つながりの貧困」の構造)に着目し、忘却とは異なるあり方としての寄り添い＝ほとりに立つ身振りについて論じている。

第2章から第4章では、「障害／病い」を取り上げている。第2章の土屋葉「東日本大震災と障害をもつ人の「生」」では、被災障害者の事例を取り上げ、具体的な困難、福祉のあり方、障害当事者による活動に震災がもたらした影響の経験について論じている。被災障害者に何が起きたのか、そのエピソードから地域に暮らす障害者にとっての困難を生み出した背景と新たな支援のあり方を構想している。第3章の佐藤恵「被災障害者支援の復興市民活動——阪神・淡路大震災と東日本大震災での障害者の生とその支援」では、一九九五年の阪神・淡路大震災時に設立された障害者支援団体に着目し、二つの震災での震災弱者としての障害者とその支援活動の取り組みと困難について論じている。関西と東日本という異なる地域での福祉基盤イメージの課題など、両者を比較することで東日本大震災の特徴も浮かび上がらせている。第4章の野崎泰伸「阪神・淡路大震災での障害者支援が提起するもの」では、阪神・淡路大震災の被災者としての経験とそこから見える災禍の連続性と残された課題を、平時における「いのちの線引き」という観点から論じている。阪神・淡路大震災以降、障害当事者による被災者への支援活動がおこなわれるようになってきたが、その先にあるべきとされる犠牲なき社会の存立を課題として展開している。

新たに追加した第5章と第6章では、「老い」が課題になる。第5章の天田城介「数え上げの生存学に向けて――福島第一原発事故をめぐる高齢者たちの生存」では、現代日本で生じている生存保障システムのほころびの帰結を「根なし草的」社会関係として位置づけ、地域やコミュニティという抽象化にとどまらず、その一つひとつを「数え上げる」作業の必要性を説く。第6章の石井敏「大震災後の地域支え合いの福祉拠点――地域に開き、地域を取り込む二つの取り組み事例から」では、「仮の地」の福祉仮設住宅での人々の生活について詳述している。福祉仮設住宅が物理的な施設から生活の拠点へと変容していくなかで、入所者と職員とのなじみの関係の重要さを述べる一方で、そういった取り組みやつながりの保障システムを新たな課題として位置づけている。

第7章と第8章では、外国人・移住者への影響から大震災をめぐる生存について論じている。第7章の郭基煥「非常事態のなかのダイナミズム――東日本大震災以降の日本人住民―外国出身住民の関係性の変容可能性」では、在日外国人へのアンケート・聞き取り調査をふまえ、外国出身者の特徴である平時の弱い立場が即効的な問題解決能力に結び付き、災害時の利他性や俊敏性、ネットワーク形成を促したと位置づける。だがその一方で、災害ユートピアといった概念からも想定されるように、これはあくまでも一時的な状況であり、震災前／後に存在する脆弱さを作り出す構造的暴力がなくなるわけではなく、非常事態の引き継ぎを今後の課題とする。第8章のアンジェロ・イシ「三・一一から考える在日ブラジル人の災／生」では、東日本大震災時に数多く報道された帰国する外国人問題に着目し、リーマンショックに代表される人災や東日本大震災のなかでの生存戦略という点から在日ブラジル人問題に迫る。積極的なボランティアのような支援活動や原発労働をめぐって、出身国同士あるいは日本人との共生や衝突といったさまざまなかたちで表出する両義的な生存のナマの現場を描いている。

最後の章である第9章の立岩真也「田舎はなくなるまで田舎は生き延びる」では、人口減少や地域格差といったマクロなレベルでの日本社会の変容について、「東日本」地域が被災し、そこでの大規模な経済的支援が叫ばれるなかで忘れられがちである経済や産業のあり方と公平・保障・ケアとの関係について論じている。本書の末尾として、近・現代社会での労働や分配をめぐる思想そのものを問い直し、生存をめぐるオルタナティヴなあり方を構想し、提案する。

本書は「障害／病い」「老い」「異なり（マイノリティとしての外国人・移住者）」というテーマごとになっているため、それぞれ関心があるテーマから読み進めてもかまわないが、編者としては「生存学」や「社会関係」という点についてまとめている第1章を最初に読むことを強く要望したい。また、第3章と第4章は補い合う関係でもあるため、二つまとめて読んでいただくほうがいいだろう。ほかにも、それぞれのテーマから一つずつ、例えば、第2章、第4章、第6章、第7章という読み方で「エスノグラフィー」という視座から読み解くことも可能であり、または、第3章、第5章、第8章、第9章という読み方で戦後の「現代史」から大震災を読み解く、といったこともできるかもしれない。あるいは、第1章、第5章、第9章という読み方をすれば、生存学がどのように生存をめぐる社会のあり方に取り組み、構想しているのかをイメージしてもらえるだろう。読み方は読者に開かれている。本書が多くの人々に読まれ、被災後の生に寄り添い、災厄と生存をめぐる研究推進とよりよき生存への契機になれば編者として望外の喜びである。

注

（1）同シンポジウムについては、立命館大学の生存学研究センターのウェブサイトを参照いただきたい。「災／生――大震災の生存学」（http://www.ritsumei-arsvi.org/news/read/id/498）［二〇一五年三月十四日アクセス］

（2）日本学術振興会「グローバルCOEプログラム」（https://www.jsps.go.jp/j-globalcoe/）［二〇一五年三月十四日アクセス］

（3）生存学の訳語として表されている Ars Vivendi は、一九九〇年に出版された『生の技法――家と施設を出て暮らす障害者の社会学』（安積純子／岡原正幸／尾中文哉／立岩真也、藤原書店）で提起されている。なお、同書は二〇一二年に生活書院から文庫版（第三版）が出版されている。

（4）なお、編者である渡辺が生存学研究センターに着任したのが二〇一一年四月であり、まさに震災の直後だった。

（5）「災害と障害者・病者：東日本大震災」（http://www.arsvi.com/d/d10.htm）［二〇一五年三月十四日アクセス］

（6）権藤眞由美／野崎泰伸編『医療機器と一緒に街で暮らすために――シンポジウム報告書』（「生存学研究センター報告」第十八号）、立命館大学グローバルCOEプログラム「生存学」創成拠点、二〇一二年）、障害学研究編集委員会編「障害学研究」第八号（明石書店、二〇一二年）、立命館大学生存学研究センター編「生存学」第五号（生活書院、二〇一二年）に収録されている。そのほか、生存学研究センター主催・共催として、『六ヶ所人間記』（監督：山邨伸貴／倉岡明子、一九八五年）、『夏休みの宿題は終わらない』（監督：山邨伸貴、一九九〇年）上映会（二〇一一年七月）、「被災地の現状から学ぶ」(二〇一一年十月)、「震災・大学・放射能」(二〇一二年三月)、安斎育郎氏特別講演「福島原発事故と生命」(二〇一二年十月)などの活動がおこなわれている。

謝辞
シンポジウム「災/生——大震災の生存学」の開催や本書編集作業に関しては立命館大学生存学研究センターの研究支援を受け、また、その実現にはJSPS科研費23730478(若手研究(B)、課題名「病者・障害者における当事者運動組織のネットワーク形成と「国際化」に関する研究」、研究代表者:渡辺克典)および25590122(挑戦的萌芽研究、課題名「病・障害当事者による災害支援活動をめぐる組織間ネットワーク研究」、研究代表者:渡辺克典)の助成、立命館大学研究高度化推進制度 研究推進プログラム(若手研究、研究課題「ふたつの震災間における障害当事者運動組織の社会過程に関する研究」、研究代表者:渡辺克典)の助成によるところが大きい。記して謝意を示したい。

第1章　大震災・原発災害の生存学
――生存のための身振り

栗原　彬

1　東日本大震災・福島原発災害に照らし出された社会的排除

沈黙の声を拓く

東日本大震災・福島原発災害の被災地で、いくつもの沈黙にゆきあう。生き残った者の沈黙。放射能から避難できない人の沈黙。避難した人が残った人をおもんぱかる沈黙。被災の状況が雄弁に語られるときでさえも、沈黙の声が低く聞こえてくる。

閖上《ゆりあげ》の被災者Kさんは、被災後、夜空の星と話をするという。「星が出ている」のでなく、自分のまなざしが「星を呼び出す」ように思うというKさんの不思議な物言いに、私がさらなる説明を求めると、Kさんは、はっとしたように両手で顔を覆ってうつむくと、「そのことを話すには何日もかかります」と早口で言われて、沈黙に入られた。

沈黙は、生存をめぐるいくつもの断層の露頭に宿るように思える。そこでは、国家・社会・制度の声と、人間の、また動植物の声とがせめぎ合っている。「がんばろう日本《にっぽん》」「がんばろう東北」という大音声の政府広告と、日和山《ひよりやま》の展望台から海のほうへ「帰って来《こ》ー」と呼ばわる声。「前へ」「前進」「未来へ」というメディアの括り方と、三月十一日で時間が止まったままの人々。「復興」の掛け声と、「死者を想え」という低声の祈り。ビルや道路の「復興」の宣言と、生存やつながりの回復を求める声。「絆」というナショナルな声と、それでも「てんでんこ」という小さな声。働き口や生計を求める声と、いのちの声。経済成長と東京オリンピックを唱道する「国民的」大合唱と、「復興を」と口ごもる被災者の声。

生存の閾に立ち上がる、生存のための沈黙と、むしろ生を圧殺したり縮減するための強いられた忘却とは区別されなければならない。支援の言葉が、どうあっても「がんばろう日本」に収斂されてしまう言葉のインフレーションが進行して、もっとも排除され、孤絶した魂のありかを見定めがたくする。経済成長と原発推進、東京オリンピックと「積極的平和主義」という名の軍国主義の大音声が、被災者の声をかき消して、暗黙のうちに「三・一一を忘れよう」というメッセージを国民に刷り込む。いまは「非常時」なのだから、「過去のこと」(敗戦、原爆、東日本大震災、福島原発災害)は忘れよう、というわけだ。

忘却を強いる政治状況にあらがうのは、もう一つの政治としての「忘れない」身振り、すなわち、被災者、排除された者に寄り添い続ける身振りにほかならない。持続する覚醒した身振りによって自他を覆う忘却の皮膜を内破することは、被災した魂の沈黙を解き放つことに連動していく。解き放たれた沈黙の声のなかから、被災地に脈々と息づいている「当事者起点」「生存」「共生」を軸とするもう一つの生の地平が私たちの視界に拓かれてくるのではないか。

社会的弱者の排除

東日本大震災と福島原発災害に際して、被災の初期に犠牲が大きかったばかりでなく、被災後も、社会的弱者が排除を強いられてきたことを見過ごすことはできない。持続する被災のユートピアが現れる一方で、それと背中合わせに、被災のディストピア、被災のイクスクルージョンも見て取れる。

被災の初期、障害者が高い比率で犠牲になった。岩手・宮城・福島三県の沿岸三十七市町村に住む障害者は約十五万人といわれる。障害者関係の二十七団体約九千人のうち約二百三十人、二・五%が死亡または行方不明である（対象の三十七市町村の人口約二百五十万人のうち死者・行方不明者は約二万四千人、一%弱）。被災後も、障害者、特に知的・精神障害者を排除する避難所が少なくなかった。重度の障害者は、自宅が残ればそこにとどまるか、親戚・知人の家を転々としたり、車中泊を続けるしかなかった。その場合、支援物資が届かず、命の危険にさらされた(1)。

被災後の避難生活とストレスによる精神的疲労や体調悪化が原因で亡くなったり自殺に追い込まれたりした「震災関連死(2)」に、弱者排除の一側面が浮かび上がる。二〇一一年三月以降、被災三県の年間の「震災関連死」認定数と累計（括弧で示す）は、以下のとおりである。一二年三月では、

岩手百九十三人、宮城六百三十六人、福島七百六十一人。一三年三月では、岩手百六十八（三百六十一）人、宮城二百二十（八百五十六）人、福島五百七十六（千三百三十七）人。一四年三月では、岩手七十三（四百三十四）人、宮城二十三（八百七十九）人、福島三百二十三（千六百六十）人。なお、一三年二月の時点で、避難者数は、岩手四万二千人、宮城十一万七千人、福島十五万四千（うち県外避難五万七千）人である。

二〇一二年三月の時点での「震災関連死」の年代別分布は、六十歳未満五・三％、六十歳代九・四％、七十歳代一九・六％、八十歳代四二・三％、九十歳代二一・六％、百歳以上一・七％で、六十歳以上の高齢者が九四・七％を占めた。阪神・淡路大震災の神戸市の「震災関連死」六百十五人のうち、六十歳以上は八九・六％だったから、震災に共通する高齢者への犠牲の偏りを示しながら、なおそれを上回る高率である。(3)

東日本大震災・福島原発災害では、「震災関連死」は、高齢者が圧倒的に多く、病者がそれに続いた。長期間のライフラインの停止、ガソリン不足などで常時のケアの体制が破壊されたうえに、物的・人的支援が遅れたことで、孤立した病院や施設で衰弱する人が多く出た。

福島原発から四・五キロの位置にあったF病院は、病院のスタッフ百人、入院患者四百三十六人、そのうち自力で歩ける患者と寝たきりの高齢患者がほぼ半々だったが、政府が十キロ圏内避難指示を出すと、調達した観光バス五台で、最初に、自力で歩ける患者すべてと数人を除く大多数のスタッフが避難した。原発の水素爆発があってスタッフが戻らず、二百人を超える寝たきりの高齢患者がわずかなスタッフとともに後回しにされた。残された患者はさらに二度に分けて救出されたが、寝たきりという受け入れを拒否され、長時間避難先を求めて転々とさまよう間に、バスの中で、あるいは底冷えのする体育館で次々と亡くなり、ようやく見つけた避難先でも多数が亡くなって、「震災関連死」は五十人に上った。

震災当初のもっとも過酷な時期を過ぎてもなお、高齢者・病者を含む「震災関連死」は続いていて、避難生活での生きづらさを物語っている。被災三県のうち、福島でとびぬけて多くの人が「震災関連死」でいまも亡くなり続けていることに注目する必要がある。二〇一四年三月の福島の「震災関連死」の累計千六百六十人は、直接死千六百七人を上回った。岩手と宮城のそれは直接死の一割以下なので、突出した福島の「震災関連死」数は、長期化する原発災害からの避難生活と関連づけて考えられなければならない。実際、福島県内で二十四市町村が認定している「震災関連死」のうち、原発災害で避難生活中に体調悪化などで亡くなった事例を「原発関連死」として集計すると、一四年三月で累計千四十八人に上り、「震災関連死」の少なくとも六割を占める。「原発関連死」は、一三年三月からの一年間に二百五十九人増えていて、原発災害から三年たっても被害は拡大し続けているといえる。[4]

震災を生き抜きながら、なお自死した人々の、災害によって失ったものの大きさ、人生を見切る決断の重さ、そして絶望の深さの前に言葉を失う。それでも、災害に伴う自死の意味は問われなければならない。「震災関連死」に含まれる「震災関連自殺」の総数は、内閣府の調査によると、二〇一一年（六月から十二月）五十五人、一二年二十四人と減少しながら、一三年には三十八人と増加に転じている。自殺の原因・動機については、「健康問題」が一三年に二十二人（うち、うつ病が前年比五人増の十三人、身体の病気が六人増の八人）と群を抜いて多く、「経済・生活問題」が四人増の九人と続く。また、年代別では、ばらつきがあるにしても、五十代の八人増十三人と八十歳以上の四人増七人に偏りが見られる。さらに県別では、一三年に、岩手は四人減の四人、宮城は七人増の十人に対して、福島は十一人増の二十四人と突出している。(5)こうしたデータは、いっこうに解消されない仮設住まいや避難生活、コミュニティや仕事の消失といった変化による生きづらさを物語っている。とりわけ原発災害後の避難生活で、生きがいと「明日の生」をなくし、つながりと親密性を失い、「みんな一緒に」と「仲間外れ」を強いられて、社会的排除と孤絶のなかに立ちすくむ被災者の姿が浮かび上がる。

東日本大震災・原発災害の沿岸被災地で児童虐待の増加が確認されていることを見過ごすことはできない。福島県全体では、四つの児童相談所が対応した虐待相談は、県外避難者が多いにもかかわらず、二〇一〇年度二百二十四件、一一年度二百五十九件に対し、一二年度は三百十一件と前年度から五十二件の増加で、増加率は全国平均一一％増の倍ほどの二〇％増だった。福島県のなかでは、とりわけ双葉郡や南相馬市など原発災害の避難自治体を含む県沿岸部で児童虐待が急増した。この地域を管轄する浜児童相談所（いわき市）が対応した虐待相談は、一〇年度五十一件、一一年度五十六件に対し、一二年度は前年比二・一倍の百二十件と大幅な増加で、県全体の四割にあたる。また、仙台市を除く宮城県も一二年度の虐待相談は八百七十五件で、前年比増加率は二八％に上る。特に震災被害が大きかった沿岸部被災地を管轄する県中央児童相談所（名取市）の対応分は一二年度三百七十四件で、前年度比三〇％の増加だった。児童虐待相談に対応した人々は、虐待が起こる原因を次のように指摘する。震災前から家族に潜在していた暴力が避難や仮設住宅暮らしであらわになること。避難で祖父母ら家族と離ればなれになってサポートが得られず「ネグレクト」されること。長期化する避難によるストレスと不安が子どもに向けられること。大人の間の抑圧がより弱い部分に下降していく「抑圧移譲」がおこなわれること。子が親の暴力を目の前で見る心理的虐待の機会が増えること。(6)

東日本大震災と福島原発災害に際して、被災の初期に犠牲が大きかったばかりでなく、被災後の避難生活でも社会的に排除されたのは、障害者、高齢者、病者、子どもなどである。ほかに、見えないけれども排除されている受苦者がいる。ストレスによる心の病を抱える人のように、外見ではわからず、理解も支援もなく見過ごされてきた受苦者。仮設住宅の日中のお茶会に出席せず引きこもる人のように、可視化されたコミュニケーション場面に出てくることができない受苦者。行政の線引きと判断基準の操作によって、必要なケア、支援、賠償などから排除される被災者。そして日本語ボランティア教室に来ることができず、受苦を訴える回路をまったくもたない貧しい外国人労働者。被災後の時間は、見えない受苦者を含めて、障、老、病、児、異をはじめとする広大な受難の現実を照らし出す。しかし、この受難は三月十一日ににわかに現れたわけではない。三月十一日以前と以後に一貫して受難を生む排除の構造があり、受難の現実はそのフレームアップと考えられる。

社会的排除を生むもの

東日本大震災・福島原発災害の延長上の時間に現れた社会的排除は、むしろ日常的な排除の構造があり、それの顕在化ないし結晶化という側面があった。日常的に社会的排除を生むもの、「つながりの貧困」の構造が明らかにされなければならない。

地球市場化に重なるシステムの政治、すなわち市場原理と生産力ナショナリズムを基幹とする新自由主義の政治が、労働市場を再編制して不安定雇用を増大させ、長期失業の恒常化やワーキングプアの出現を招き、社会的格差を拡大して新しい貧困層を生んだ。しかも、貧困は経済の次元にとどまらない。システムの政治が、コミュニティの解体、セイフティネットの崩壊、社会福祉の縮減、再分配機構としての労働組合の解体、社会関係の切断とミーイズム（利己的個人主義）の進行を導いて、「つながりの貧困」を拡大した。

構造的な「つながりの貧困」に、多様な排除の系列が相乗する。第一に、被差別部落、人種、性、職業、帰属集団などのカテゴリーによる伝統的な差別。この系列は、「文化的差異」「間接差別」などの形式も含む。第二に、近代の産業と国家にとって達成価値を欠くと見なされる「社会的不適者」の系列。遺伝病患者、慢性病患者、精神病患者、障害者、同性愛者、非行少年、外国人労働者、難民などを含む。第三に、公害、薬害、優生保護法、出生前診断、遺伝子診断、脳死、臓器移植、安楽死、ヒトゲノム計画、遺伝子組み換え、人体市場、バイオ市場、健康ランド作りなど、優生学的な生命政治による生命の選別と排除の系列。さらにこうした排除の系列を「常識知」「一般論」

が補強する。「働かざる者食うべからず」「成人したら自活しなければならない」「弱者への支援は自立支援であるべきだ」「福祉とは、施設や設備や環境を整備すること」「分けたほうが障害児のためにも健常児のためにもいい」「母親は子育てのために家にいるべきだ」。また、「労働者派遣法」「障害者自立支援法」「臓器移植法」「水俣病特措法」など受苦者救済を標榜する法が、逆に受苦者の切り捨てや生きる権利への侵犯を制度化している場合がある。

「つながりの貧困」とそれが引き連れてくる日常的な社会的排除の構造は乗り越えられなければならない。排除の構造と生存のせめぎ合いのなかから立ち上がった人々の生き方に学びながら、「生存」と「共生」と「つながり」を編み直す営みのポイントを「身振り」として見いだしていきたい。

2　原発災害難民の生存学

原発災害難民の存在様式

福島第一原発は、メルトダウンと水素爆発を引き起こして多量の放射性物質を放出し、広範な大地と海洋と大気を汚染し続けてきた。今日でも十三万の人たちが生活の基盤を奪われて、避難生活を余儀なくされ、さらに多くの人たちが、子どもたちに将来現れる放射線障害を含めて、被曝の恐怖のうちに生活している。

十三万の人たちは、単に放射性物質からの避難者であるだけではない。一つの発電所の事故によって避難を強いられただけでもない。

周知のように、原子爆弾は国家主導で産軍学複合体という巨大な勢力を糾合して開発され、「原子力の平和利用」もその延長上に進められた。日本の原発開発も、戦時統制経済と電力の国家管理の継続のもと、通産省に主導されて、政界・官界・財界・学界・メディア界を総動員する「国策民営」として推進された。すなわち原発は巨大な技術体系であり、肥大化した官僚機構と複数の巨大企業と連携する研究機関からなる国家装置であって、一度暴走を始めればコントロール不可能であり、リスクを度外視した、「原発推進」それ自体が自己目的化した異様な自動装置である。[7] 十三万の避難者は、こうした巨大な核体制、核の国家装置が生んだ「難民」である、といえる。「原子力ムラ」として知られる権力装置は、財界ばかりか、労組、住民、地方自治体、学者、文化人、マスメディアを取り込んで翼賛体制を構築した。国の原発政策への異議申し立てや批判的な意見を抹殺して「原発推進」のイデオロギーに統制する政治手法は原発の全体主義と呼ばざるをえず、十数万の避難者は、原発ファシズムが生んだ「難民」でもある。

アメリカ・ニューメキシコ州のトリニティ・サイトでの最初の核爆発実験は難民を生み出さなかったのか。広島・長崎への原爆投下は空からのジェノサイドであって、無数の死者と難民を生んだ。ビキニ環礁での水爆実験によって被爆した第五福竜丸と千隻の船の乗組員たちは難民といえる。アメリカが一九四六年から五八年までの間にマーシャル諸島で実施した六十七回の核実験は、住民をことごとく難民化した。米ソを中心に冷戦期に多数おこなわれた大気中の核実験は、隠蔽された少なくない核災難民を生んだと考えられる。

原発事故について見ると、日本では、レベル2以上に認定されたものに限っても、ほぼ五、六年に一度は事故を起こしている。世界的にも、一九五七年のソ連のウラル核惨事と同年のイギリスのウインズケール原発事故は、いずれも長く隠蔽され、避難命令さえ出なかったけれども、実際には難民を出した原発の大事故だった。これらの事故を皮切りに、十年に一回は原発は事故を起こしている。(8) なかでも、チェルノブイリ原発事故と福島原発事故とは、核災難民の数の多さで際立っている。

原発災害難民の存在様式は、放射能のリスク判断と生存（生命と生活）の展望に伴う行動の選択によって分岐する。市野川容孝による難民の三類型(9)を参照しながら、原発災害難民の生の現実のほうから、その存在様式を見定めたい。

第一に避難民（refugees）。受難を逃れて、いままでいた場所から離脱する人々。避難指示による避難と自主避難があり、個人、家族、地域ぐるみ、学校、企業など、多様で交錯する避難のレベルがある。第二に流《る》難民（exiles）。帰りたくても、帰ればその場所が受難の場所であるために、帰れない人々。避難するとき「帰ってくるな」と言われて帰路を断たれた人々も。第三に居留難民（resident refugees）。いずれ帰るという前提で、しかしいまは帰れる状況ではないという判断から、また避難解除が進んでも帰還への不安やためらいから、さらに、いまは帰還か移住かの判断がつかないから、帰郷の日まで、住み慣れてきたいまの場所で避難生活を続けたいという人々。第四に帰還難民（returned refugees）。受難を逃れて避難していた場所から、もといた場所、あるいはその近くに帰還する人々。第五に留《りゅう》難民（staying refugees）。避難することができないで、いまの場所にとどまって受難に耐えている人々。放射能という目に見えない壁に包囲されて不安とストレスをつのらせ、いままでの当たり前の生活を失い、本来あるべき人生から排除されている点で受難の重い人々である。原発作業員も留難民に含まれる。第六に動物難民（animal refugees）。被災地に置き去りにされながら受難のなかを生き延びている動物たち。犬猫みなしご救援隊などによる保護・救援活動がある。(10)

原発災害難民の分断と生存の身振り

原発災害と情報操作は、社会の至るところに「つながりの貧困」に相乗する多様な分断をもたらした。最大の分断線は、いのちと生活・生計の間を切り裂く分断線である。この分断線は、まず家族内を分断する。子どものいのちを守るために避難したい母親と、仕事を続け生計を守るためにとどまらざるをえない父親および先祖代々の墓と生活を守りたい祖父の連合軍との間の分断。結局、分業・別居形式になっても、決定的な家族の破局を阻止するには、家族全員の話し合いで少しずつがまんする点を確認し、互いを理解しあうことに尽きる。次いで「ご近所」との分断も大きい。特に小・中学生を転校させ、避難させるとき必ず返ってくる言葉は「いいわね、逃げる先があって」。この一言でコミュニティの長い間のつながりは切れてしまう。避難した者ととどまる者との間の溝は深い。分断を超えるには、一つでも共通項や課題を共有して、ともに取り組むことが考えられる。「放射能から子どもを守りたいことは同じ」ということで、避難した母親たちがとどまった家族の子どもたちを招いて一定期間放射能フリーで過ごさせる活動を展開している。

国の安全キャンペーンと情報不信が生むダブルバインド状況は、人々の分断を増幅した。そこで女性たちが会津放射能情報センターを立ち上げて、安全を自分たちで決め、正確な情報を伝えて人と人をつなぐ活動を開始した。情報センターで随時開かれる「しゃべり場」では、母親たちが情報交換をするなかで、自分は一人じゃない、ここに来れば自分の思いが伝わるという感覚を共有していく。各地に開かれたサロンは、一つひとつは小さいけれども、人と人をつなぐ重要な場所になっている。

三・一一以前から脱原発の活動をしていた人々の間には、危機的状況では逃げられる者が先に逃げる、逃げられない者はあとから逃げられるようにしておく、そして先に逃げた者を批判しない、「原発てんでんこ」についての共通理解があったといわれる。互いの選択を認め合うこと、迷いさえも尊重することから分断を超える道が拓かれる。[11]

3　社会的排除を超える生存のための身振り

生存のための身振り

誰がシステム社会のなかで生きにくさと社会的排除の当事者なのか。つながりの貧困、生きにくさ、社会的排除が、三月十一日以前と以後に一貫する構造的なものであるかぎり、大震災と原発災害の被災当事者の受難に先立って、水俣、三井三池、釜ヶ崎などの受難があったことを想起しないわけにいかない。システム社会から排除され、生きにくさを強いられながらなお、これらの受難者たちは、生き延びるために、システム社会のコード（行動規則）に順応しない身体、「野生の思考」の居場所としての身体を養うしかなかった。もう一つの社会を遠望する潜勢力としての身体。そこに精神史のうえでの難民の位置が見いだされる。以下に、受難当事者の生存のための身振りのポイントを取り出してみよう。

①当事者起点。当事者主体性。自分の人生のことは自分で決めるということ。また、当事者の生存ということからすべてが始まるということ。しかし、原発の存在一つを考えても、システム社会では誰もが当事者になりうることと、常に他者とともに私の生存があることを銘記したい。

②つながりと共助。システム社会の「つながりの貧困」状態のなかに、つながり、連係、共助の関係を紡ぎ出すこと。同調圧力になる国定の「絆」や「一つの日本」でなく、むしろゆるいつながりやナチュラル・サポートの増殖が求められる。

③歓待と異交通。誰がそこにいてもいい。誰であっても、他者を排除しないということ。歓待を成立させるために異交通が必要となる。異交通とは、異なるコードをもつ者同士の出会いとコミュニケーションのかたち。一方的な命令、一方が他方を吸収する単交通とは異なる。また、双交通という、同じ多数派のコードを共有する者同士の、そのコードを強化して異なるコードをもつ人々を排除することに終わるコミュニケーション形式とも異なる。「しがらみ」は、異なるコードのせめぎ合い、絡み合いだから、それを解きほぐす過程が異交通となる。異交通は創造を生む。

④離脱と関係の物語。システムやコミュニティから離脱したり、排除されて、新しい関係を編む物

語。時間軸のうえでは、死と再生の物語になる。帰郷して新しい関係を作る場合と、関係を紡いできた場所を去って、別の地に新しい関係を編む場合とがある。当事者がいまの生を同定するために、離脱と関係の物語は欠かせない。

⑤ブリコラージュとバナキュラーなもの。当事者の身辺にころがっている雑多なもの、システムが効率やコストの観点から見捨てたがらくたを使って「野生の思考」を表す手仕事。「もてなし」は、もともと「以って為す」という意味で、身辺のあり合わせのものを使って、心を込めて人を遇すること。バナキュラー(vernacular)なものとは、その土地に根づいているもの・言葉を指す。「互酬によって営まれている暮らし」[12](イヴァン・イリイチ)という定義は、もてなし・贈与の成分を含んでいる。当事者の生存の閾で、生を支えるラインに沿って明滅しているバナキュラーなものを、日常の言葉によって拾い上げること。

⑥共生の身振りとハビトゥス(慣習行動)。共生という出来事を日常の身振り・ハビトゥス・運動に表して、排除を伴うハビトゥスや自発的服従のハビトゥスを組み替えること。例えば「プラグを抜く」[13](イリイチ)身振りとハビトゥス。遠くの弱く小さい人々とつながる身振りと運動。また、「肩を並べる」身振り。加害者と被害者が、「肩を並べて」共有する課題に取り組むことで、敵対的なアイデンティティと二項対立図式を超えて、人間共生の地平へ歩み出すことができる。

⑦ネットワーキング——ローカルとグローバル。生存のためには小さな親密圏のネットワークが必要だ。他者とともに生きるためには、多少とも地域に根ざした公的な親密圏が必要になる。公的な親密圏を支えるものは、もはや血縁でも地縁でもなく、新しい参入者や支援者も含めたローカルな

ネットワーキングの身振りにほかならない。しかし、いま世界中が生きにくさとつながりの貧困に直面していて、「九九％」の人々が生存と共生を渇望している。水俣、釜ヶ崎、福島で進行中のネットワーキングの実験は、根元的な原問題の提起と、生存と共生への先駆的な突破で、ローカルであると同時にグローバルでもある。

地域を編み直す

避難民が避難した地に定住する。流難民が帰る場所を失って移動を重ねる。居留難民が、帰る日まで、住み慣れてきたいまの場所で避難生活を続ける。帰還難民が帰郷して、もといた場所またはその近くに住む。留難民が受難に耐えながらいまの場所に住み続ける。動物難民が預かりっ子になって、預かり親の家に住む。

どの場合であっても、人が住むという行為は地域を発生させる。人が来ればそれだけ地域は大きくなり、人が去ればその分地域は小さくなる。形成概念としての地域にとって、すべての人が地域を構成する者として欠かせない。排除が向かう社会的弱者や難民が、当事者起点で生存と共生の身振りを獲得することによって、地域の編み直しは緒につく。

埼玉県にわらじの会というグループがある。暮らしセンター、生活ホーム、ケアシステム、ブティック、デイケアなどの総称である。一九七八年にスタートしたわらじの会は、障害がある人もない人も、ともに一緒に地域で生きることを活動のテーマとしている。地域に日常的にある差別や排除を切り捨てないでむしろ抱え込んでいき、そこに共生の芽を育てて地域を編み直すことを考える。

デンマークのバンク・ミケルセンの「ノーマライゼーション」は「分けられたところから対等に」という発想の仕方をするが、「分けずに一緒に」というのがわらじの会の考え方である。家族、学校、職場、街中で、人々が生活をともにするしがらみのなかで、差別や排除も含むぶつかり合いとせめぎ合いの延長上に、みんなが一緒にふれあい認め合っていく、ともに生きていくという関係が生まれる。そこに、自然に援助ができるナチュラルサポートが現れる。福祉的支援は、ナチュラルサポートを支えるかぎりで意味がある。[14]

小さな公共性を重ねる

小さな公共性が、受難者の生存を支える。どのような受難の場所であれ、呼びかけが最初の小さな公共性である。仮設でも、遠い避難地でも、呼びかけと応答は生存の証しである。呼びかけと応答の場を少し形あるものにしたおしゃべり会やサロンが、福島県の至る所で生まれた。

分かち合いということも、受難当事者の生存を支える小さな、しかし重要な公共性である。シスター・マリア・コラレスからの聞き取りのなかから一つの出来事を引いて、釜ヶ崎で日々おこなわれている路上の分かち合いの一端を読み取ることにしよう。シスターが夜回りに出かけたとき、リアカーの上で寝ている人を起こさないように、おにぎりを置いて立ち去った。しばらくして同じ場所を通りかかると男は目を覚ましていた。さっきここにおにぎりを置いたと言うと、そんなものはなかったと男は言う。次に配るときは見えないように隠しておく、と言うと、男はシスターの顔をじっと見て言った。「何でそんなことを言うのか。たまたま通りかかった人がお腹がすいていた。

だから食べた。それでいいじゃないか」[15]と。

市民社会の私的所有権前提の大きな公共性の次元では、これは盗みになる。しかし、釜ヶ崎の公園や路上など、小さな場所でおこなわれているささやかな分かち合いは、小さな公共性であって、生存と共生を支えるもう一つの公共性である。もとより小さな公共性は、寄せ場での仕事探しをめぐるせめぎ合いと背中合わせだ。こうした小さな公共性の積み重ねのうえに、釜ヶ崎のまち再生フォーラムが設立され、当事者起点の生存と共生の制度化が企てられる。

「電力は公共性」(北海道電力)というときの「大きな公共性」は、営利と権力的編制に関わって、社会的弱者に受難をもたらす。受難当事者は、対抗的に「いのちは公共性」といい、非営利・非統治の相互行為、分かち合いという「もう一つの公共性」を表出する。

アートでつなぐ

アートは、世界を見、世界を映し、世界をつなぐ。他者の呼びかけへの応答として、映された世界を提示しながら、人と人、人と世界をつなぐ。

福島県郡山市に住む母親は、五カ月の子どもを抱えて、放射能が降る日々、家の中でひっそりと息を詰めて生活していた。そのとき、童謡が口をついて出たという。「七つの子」や「黄金虫」を子どもに歌って聞かせながら、自分が生きることを励まされる思いがした。童謡は身体の中から生まれ、幼いころの自分のいのちと世界を映し出して、いまの自分のいのちと世界につなげ、いまばかりか未来を生きる子どものいのちと世界にもつなげる。しかも、これらのいのちは、時間軸に沿う一本の流れではなく、放射能が降る世界でなお、共時的ないのちのざわめきとして聞こえてきた。

二〇一一年八月十五日、福島市郊外で、「フェスティバルFUKUSHIMA!」（音楽祭）と「福島大風呂敷」という、つなぐパフォーマンスがおこなわれた。呼びかけ人は福島高校出身のアーティストたちである、音楽家の大友良英、元ザ・スターリンの遠藤ミチロウ、詩人の和合亮一の三人で、坂本龍一、二階堂和美らがノーギャラで参加した。スタッフ、出演者、市民が協力して、会場の芝生の上に縫い合わせた風呂敷を敷きつめて、六千平方メートルの巨大な一枚の「大風呂敷」で地面を覆うパフォーマンスが実現した。主催者の一人で放射線衛生学の木村真三は「衣服のセシウム汚染をある程度防げる」という。「福島大風呂敷」は、見えない放射線を可視化する絶妙な仕掛けだった。参加者は布一枚を隔てて放射能とともに生きる福島の日常を経験することになる。一枚の風呂敷の上の同乗者として、共苦を共生に転成して生き延びるしかないという覚悟の訪れがある。

受難の底から当事者起点で現れた、つなぐアートの存在意義は大きい。

もう一つの生き方を「隙間にねじ込み、ぐわっと開く」

市場原理と権力的編制に覆われた世界のただなかで、それとは別の生き方、分かち合いとつながりによって営まれる暮らし方を「隙間にねじ込み、ぐわっと開く」こと。

これはダンボールで路上生活をする詩人いちむらみさこの言葉。彼女はガード下にホームレス仲間や通行人たちと食卓共同体を開いた。また近くでダンボール生活をしている人たちが、ダンボールをロケットと呼んで、離れていても互いに心を寄せ合い、肩を並べて宇宙旅行を楽しむヴィジョンを共有していることを知って、ロケットの列に加わった。それはいのちのつながり[16]。

大塚愛は福島県川内村の山のなかに小屋を作り、ランプと薪の生活を始めた。里の大工について修行を積み、連れ合いの建築士と新居を建てた。井戸を掘り、太陽光パネルを張り、畑を耕し、二人の子を生んだ。風が木々の香を運び、鳥が歌う楽園だった。三・一一以降、大切にしてきた場所が福島原発から二十四キロだったので、実家がある岡山に家族で避難した。子どもたちを放射能から守る「子ども未来・愛ネットワーク」を始める。子どもたちを福島県から招いて一定期間放射能がない環境で過ごさせる活動を続けている。三・一一以前から脱原発を願って始めていた、ジョン・レノンの「イマジン」でフラを踊る「アロハ DE ハイロ」の活動を岡山で再開した。彼女は言う。あの場所を失ったことは、自分のいのちを半分失ったようなもの。「でも、いのちがあります。私は生きています」と。彼女にとって、いのちは、また新しい生活は問うべき目的ではない。むしろいのちは原因であって、いのちに生き方を問われているのだ。いのちに問われて彼女が見いだした解は、つなぎ、分かち合う生き方だ。自然、人、失われたもの、未来のいのちとのつながりと分かち合い。それを社会の「隙間にねじ込み、ぐわっと開く[17]」ことだ。

4　「ほとりに立つ」身振りの論理構造

当事者起点の生存のための身振りの探求の延長上に、ケア、アシスト、ボランティア、サポートを、当事者の「ほとりに立つ」身振りとして捉え返したい。「ほとりに立つ」とは、詩人の季村敏夫に教えられた言葉で、そこには第一に、近くの、また遠くの人ばかりか、震災で亡くなった人のかたわらにさえ立つことができる、つまり対象への近さ、遠さという距離を超えて肩を並べることができるという身体感覚がある。第二に、異なりをもつ身体同士が、決して一体化できない埋められない関係が立ちはだかっていようとも、なおともに立とうという覚悟が込められている。「ほとりに立つ」身振りは、次のように分節される。

①受難の底からの声を聴く。ときには沈黙の声さえも。
②修羅の場に入る。非対称的な関係から入ることをもいとわない。
③呼びかけに応答する。深い声への応答行為であるべき。
④応答をめぐる他者とのネットワーキング。すなわち公共圏の存立。
⑤応答する主が場所をあけて、主の脱主体化と当事者の主体化を図る。「過ぎ去り行く者になりなさい」(イエス)。
⑥いのちのざわめきのなかへ、肩を並べて、遠くの人もともに。

注

(1)栗野賢「インタビュー――被災地での障害を持つ人の現状」「京都大学新聞」二〇一一年五月十六

日付。なお、粟野賢は障害福祉センターあらぐさ生活支援員。

（2）「震災関連死」とは、震災や災害による直接の死亡でなく、避難生活での精神的疲労・体調不良など間接的な原因で死亡すること。遺族らが市町村に審査を求め、認定されると、災害弔慰金が支給される。ここにあげた数字は、復興庁による取りまとめと、各新聞社の調査結果による。「東京新聞」二〇一三年三月十一日付、「朝日新聞」二〇一三年三月三十日付、「朝日新聞」二〇一四年三月七日付、復興庁「「東日本大震災における震災関連死の死者数」について」二〇一二年

（3）上田耕蔵『東日本大震災医療と介護に何が起こったのか――震災関連死を減らすために』（「PHNブックレット」第十二巻）、萌文社、二〇一二年

（4）「東京新聞」二〇一四年三月十日付

（5）「朝日新聞」二〇一四年三月十三日付

（6）「毎日新聞」二〇一三年七月二十八日付

（7）山本義隆『福島の原発事故をめぐって――いくつか学び考えたこと』みすず書房、二〇一一年

（8）佐々木中「砕かれた大地に、ひとつの場処を」、河出書房新社編集部編『思想としての3.11』所収、河出書房新社、二〇一一年

（9）市野川容孝／小森陽一『難民』（「思考のフロンティア 第Ⅱ期」第八巻）、岩波書店、二〇〇七年

（10）犬猫みなしご救援隊『鼓動――感じて欲しい小さな命の重み』書肆侃侃房、二〇一二年。なお、犬猫みなしご救援隊の代表は中谷百里。

（11）ロシナンテ社編『わたしたちのこえをのこします――福島原発事故後を生きる・もうひとつの記録集』解放出版社、二〇一三年

（12）イヴァン・イリイチ『シャドウ・ワーク――生活のあり方を問う』玉野井芳郎／栗原彬訳（岩波現

代選書)、岩波書店、一九八二年
(13) イリイチ・フォーラム編『人類の希望——イリイチ日本で語る』新評論、一九八一年
(14) わらじの会編『地域と障害——しがらみを編みなおす』現代書館、二〇一〇年
(15) 岩淵拓郎「よくある話、もしくはどこでもないここについて」、NPO法人ココルーム編『記憶と地域をつなぐアートプロジェクト——こころのたねとして釜ヶ崎二〇〇八』所収、大阪市立大学研究プラザ、二〇〇九年
(16) 栗原彬「銀紙の星」、甲斐賢治編「特集 土に着く」「ミルフイユ」第三号、せんだいメディアテーク、二〇一一年
(17) 栗原彬「でも、いのちがあります。私は生きています」、岩波書店編集部編『3・11を心に刻んで』所収、岩波書店、二〇一二年

第2章　東日本大震災と障害をもつ人の「生」

土屋　葉

はじめに

「ゆるぐねぇな」

この言葉を、ある男性は何度も使った。「ゆるくない」とは「苦しい」「大変だ」を意味する東北地方の言葉である[1]。食料品店が徒歩圏内に再建されたことについて、「ゆるぐなかったけども、いくらかでも楽になって…」と評されることもあれば、家族の病状について「うんとゆるぐねぇべ」と語られることもあり、また家計に占める医療費や通院費の大きさに対して、「だども、ゆるぐねぇからな。ゆるぐねぇ」と繰り返されることもあった。男性の言葉からは、「苦しいから助けてほしい」という訴えではなく、苦しいけれど耐えている現実を淡々と伝えているような、あるいは「苦しいのだ」ということをただつぶやいているような、そんな印象を受けた。

この章では、東日本大震災が障害をもつ人々にどのような影響を与えたのか、人々はどのようにそれに対峙したのかを考えてみたい。ただし、何度かにわたって被災地域で障害をもつ人の話を聞くにつれ、震災の直接的な影響は確かにあるのだが、何を震災の「影響」といっていいのかわからなくなることがあった。災害は、「社会でもっとも弱い層が内包している問題を浮かび上がらせる[2]」と指摘されるように、むしろ、それ以前から抱えていた生活上の問題の輪郭がよりくっきりと浮かび上がってくるようにも思われた。ここでは、三人の被災の経験[3]を軸として、震災前の彼らの生活はどのように支えられていたのか、そして震災時、それらの基盤はどのように彼らを助けたのか、あるいは助けなかったのか、彼らは危機的状況にどのように対応したのか、さらに震災後、生活はどのように変化したのか、しなかったのかなどに注目しながら、論を進めていきたい。

1　生存の困難――Aさんの経験

まずAさんの経験をもとに、地震直後から避難するまでと避難後の状況について見ていこう。

Aさんは四十代でリウマチを発症、その後症状が悪化し現在は屋内でも車いすを使用している。二〇一一年当時は認知症の父（八十代）と、兄（五十代）と三人で、海から近いやや高台の持ち家に暮らしていた。母は〇六年に亡くなり、それ以降兄が父の介護役割を引き受けたため無職になった。震災前は、要介護度5の父は介護保険制度のサービスとして訪問入浴と訪問看護だけをそれぞれ週一回、Aさんはデイサービスを月二回、通所施設を週一回、利用していた。近隣に住む姉家族とは折り合いが悪くほとんど交流はない。父の病状が悪化したときも一度も訪ねてこなかったという。また近所の人とも、日頃から気軽に声をかけあう関係ではなかったようだ。

あの日あのとき、兄は近所に買い物に出ていて、Aさんと父は家にいた。先にドーンという音がし、その次に下からの突き上げがきた。「これ、やばい、どうしよう」と思い、まずストーブの火を消した。揺れが大きくなったため、窓を開けてサッシにつかまった。そこへ兄が急いで戻ってきた。十分もしないうちに津波の危険を告げる無線放送が聞こえてきたが、停電のためかすぐに切れ、家の中の電気も消えた。

そのうち家の脇道を、近所の人たちが走って登ってきた。「山に逃げろ、逃げろ」と言われたが、認知症の父は地震が起きたことがわからず、外に出ようとしなかった。またAさん自身も二週間ほど前に捻挫をしていて、一人で立つことも靴を履くこともできなかった。ようやく家の外に出て、兄が父を連れ出すのを裸足で待っていた。黒い煙のように波が押し寄せ、家や船やトラックが流されてきて電信柱が割れた。「ここまできたら死ぬしかねえんだ」と思ったが、すぐ近くで津波は止まった。「危機一髪だった」

Aさんのように、移動に手助けを必要とするが、それが得られず回避行動が遅れた障害者は少なくなかった(4)。政府は以前から、「災害時要援護者の避難支援ガイドライン」を定めるなど、自治体に取り組みを奨励していた。Aさんが住む自治体も、緊急時要支援事業を実施しており、Aさんも事前に要援護者名簿に登録していたという。しかし今回の地震では停電などで電話が通じなかったため、これが機能しなかった。(5)

津波は止まったがすぐに火の手が上がり、「小学校まで登れ」という声が聞こえた。近所の人たちに頼んでおぶってもらい、車いすも持って、山の畑を通って小学校の講堂に避難した。以前、そのうちの一人の祖母がAさんの母と懇意にしていて、「おばちゃんにお世話になったけんに(Aさんを)世話しねばなんねえけん」と助けてくれたという。兄はいったん自宅に引き返し、Aさんのポータブルトイレを持ってきた。講堂は段差があり、また多くの人のなかで車いすでは身動きもとれなかった。後日、講堂の中央のスペースを使うように言われたが、移動はやはり難しかった。(6)

トイレの問題も深刻だった。Aさんが避難した体育館のトイレは和式で使えず、持っていったポータブルトイレを使ったが、間仕切りなどもなかったため、近所の人に布団で囲いを作ってもらい、そこで排泄をおこなった。

お兄ちゃんがスペースを空けて。で、あの、近所の人たちに「申し訳ねぇんだけど、妹がこういうわけで足が立てねえから、おしっこをがまんしてもあれだし」って、それで、そこの間にやって、布団こうやって、そしてたれて。(Aさん。二〇一二年八月十六日インタビュー記録から)

Aさんの言葉には、非常時だったとはいえ、こうした状況で排泄せざるをえなかったことへの羞恥ややるせなさがにじんでいる。避難所での排泄の問題は大きく、これが理由でリスクを覚悟しながら自宅に戻った人も多い[7]。

体育館で避難生活を続けるうちに、父親が体調を崩して肺炎にかかり入院、病院から兄が付き添うようにと言われた。介助の手を失ったAさんは、顔見知りのケアマネージャーに「ヘルパーさんは機能していますか?」と聞いたが、きっぱりと「機能していません」と言われた。避難所内のほかの人にヘルパーが派遣されてきていたのを見ていたが、それ以上は何も言えなかった。

兄がいなくなったあと、身動きが困難ななか配給される食料を手に入れることも難しい状態になった。さらに民生委員や近所の人から「家もあるのだし、すぐにここを出ていってくれ」と言われたという。Aさんはこれらの言葉にひどく落ち込み、「もう私は死んだほうがいい。これから復興していくのに人の役に立たない」と考えたが、他県から派遣されていた看護師と話をすることで落ち着いた。看護師はAさんがほかの避難者とは別室で就寝することができるよう計らい、自ら同室で寝泊まりした。

一方で、後述のCさんは避難所で介助の手を得られたという。Cさんは最初のころは同じ避難所内の人におぶってもらうなどして移動していたが、一、二週間後から介護職と思われる人が配置され、その人から介助を受けたと述べている。実はこの問題に対する厚生労働省の動きは早く、都道府県に対して避難所でも必要なサービスを提供するなどの対応を求めたり、他県から介護職員を派遣するよう通知を出していた。しかし、震災直後の混乱のなかでサービスがすべての避難所に届いたわけではなく、実際に派遣された人の数も多くなかった[8]。

また薬の入手も困難だった。Aさんは避難所の医療関係者から「特殊な薬なので出せない」と言われた。ある看護師が専門病院に問い合わせて取りにいってくれ、ようやく手に入れた。[9]

さらに、避難所には「一律平等主義」の原則[10]があり、「不公平が生じないように」と、高齢者・障害者などに必要な配慮・支援が行き渡らなかったこともあった。Cさんは食事制限を受けていて、油ものなどは食べられなかったが、避難所では食事を選ぶことはできず、やむをえず支給されたお弁当を食べて体調を崩したという。

まとめよう。震災前、Aさんは、わずかなサービス給付のほかはほぼ「自助」によって生活を成り立たせていた。地震の直後は、かつてAさんの母親から受けた恩恵に報いたいという近所の人に助けられたが、命が危険にさらされた時期だけの、ごく限定された援助だった。父が入院しその付き添いで兄がいなくなると、Aさんは物理的バリアに囲まれた避難所で孤立することになった。Aさんが介助の手を外部に求めようとしたのは、これまでの関係性のなかで、近所の人に自らの身辺介助を頼むことはできないと考えたからだろう。しかしこの利用の希望もかなわなかった。

他地域から来た看護師が、精神的に不安定なAさんに対応した（おそらく介助も担った）ことは、緊急時のシステムが機能したと評価されるべきだろう。一方で近所の人やケアマネージャーは、非日常的な避難所という空間のなかで、それぞれのことや普段の業務で精いっぱいだったことも想像にかたくない。しかし、Aさんの世帯が要介護者を二人抱えながら、「家族がいるから」と介護保険制度のサービス利用を抑制され、ほぼ自助努力で生活をしていたことからも、震災以前からこの地域には「介護は個人と同居家族の問題」というまなざしが存在していたことが推測される。今回の非常時でも、避難所でのAさんへの介護職員などの派遣はかなえられず、近所の人が手を貸すこともほとんどなかった。つまり、Aさんの避難所での生存自体の困難は、平時の生活の脆弱さが浮き彫りにされたものだったといえるのではないか。

2 「福祉」枠への移行――Bさんの経験

次に、精神障害をもつBさんの経験を見ていこう。

Bさんはもともとこの地域の出身であり、高校卒業後は関東地方で仕事に就いたが、統合失調症と診断され、三年ほどで戻ってきた。震災前は母親と二人暮らしだった。父親はBさんが十四、五歳のときに亡くなり、父が営んでいた魚屋を、規模を縮小して母親が切り盛りしていた。兄・姉・Bさん・妹の四人きょうだいだが、うち二人は遠方で、妹だけが子どもとともに同じ市内に住んでいる。交流はあるが、やや距離を置いた付き合いであるようだ。

地元に戻って以来、仕事を転々としながら短期的な入退院を繰り返し、十年ほど前からは地域活動支援センターも利用していた。震災直前は、月二回通院しながら週三日はセンターに通い、母の手伝いとしてワカメを買い付け、機械で加工して製品にして卸すなどの仕事をしていた。またワカメの煮方のアルバイトをすることもあった。昔からよく知っている近隣関係のなかで、「知ってる地元だから、ちょっとぐれえミスっても、へまやっても大丈夫だった」という。相談できる相手としては、看護師やケースワーカー、かかりつけの医師がいる。また週一回、高校のときからの付き合いがある仲間とスポーツを楽しんでいる。

Bさんの地震直後からの経験を追ってみよう。漁港でのアルバイトが終わり、ちょうど着替えたときに地震が起きた。「これ、来っかもしれない、津波来っかもしれない」と思い、近所の家から母親が帰ってくるとすぐに車に乗った。波が盛り上がってくるのが見えたので、山の中腹にあるトンネルまで急いで逃げた。トンネルを出たところで、降りていったらだめだろうと思いとどまっていると、やってきた市役所の職員に「高台の寺に避難してください」と言われたため、車を置いて、逃げてきた人たちと一緒に歩いていった。その夜はたまたま高校の先輩と出会い、自宅に泊めてもらった。

翌日避難所に戻ったが、複数の男性が酒を飲んで諍いが始まったため怖くなった(「被害妄想的な」ところもあったという)。「薬をもらいに」避難所から歩いてかかりつけの精神科病院に向かったが、たまたま通りかかった人が車に乗せてくれた。夕方、医師の診察を受け、「すごく心配だべ?」と聞かれたので「はい、心配です」と答えると、「じゃあ、入院すっぺし」と言われ、即入院した。

病棟は、水道は使えたが電気は不通だった。米飯とわずかな副菜の食事が一、二カ月続き、十キロ以上痩せたという。またこのころ入院患者は激増していて、廊下や待合室にもベッドが置かれる状態だった。[11] 食料が足りない、三週間以上入浴できないなど劣悪な環境の病院や、さらに全病棟を施錠し、面会を禁止したところもあったという。[12]

Bさんの退院許可は二カ月後に出たが、退院の当日、母親は「退院できなくなった」と言い、看護師に「避難所では受け入れられない。仮設住宅が空くまで待ってくれ」と告げられたという。結果的に二〇一一年七月に仮設住宅に入居するまでの四カ月を病院で過ごすことになった。[13]

Bさんは震災後、加工業者の被災などで職を失っていたが、一二年十一月になっても「疲れていて働く気力がわかない」ともらしていた。一三年八月時点では、平日と土曜日の午前中に活動支援センターに通い、仮設住宅の談話室もしばしば利用しながら日々を送っていた。[14]このときは「疲れている」と「探したい」の間でゆれていることが語られたが、実は二月ごろに、スーパーマーケットの社員募集のチラシを見て応募したのだという。そのときの面接試験の際に、薬を飲んでいるのではないかと問われ、さらに「障害者登録をしたほうがいい」と言われた。その後、障害者登録のため職業安定所に行くと、主治医の意見書が必要だとのことで主治医のところに向かった。主治医はBさんの話を聞くと、「最初は作業所から始めたほうがいい」と、福祉的就労を勧める意見書を書いたが、Bさんはこれに納得がいかなかったという。十一月に職安を通じて障害者雇用枠のなかで、先のスーパーマーケットにアルバイトという形態で職を得た。二カ月の試用期間を経て、一四年二月からは一日三時間・週五日間勤務している。

Bさんが当初は作業所ではなく、安定した職を見つけたいと切望していた背景には、家の再建への強い思いがあった。その理由は遠方で暮らす甥たちのための「帰ってくる家」がほしいからだという。このことは、自宅が全壊して受け取った住宅再建支援金や義捐金などに手をつけていないという話や、母に何度も「うちを建てるべし」と主張した、というやりとりからもうかがわれる。

（母は）「経済的にも、ローン組んで払っていくのも、ちょっと厳しいんじゃない」（と言った）。最初は「おれが働くんだったら建てる」っつって（言って）たんですよね。けどおれが働き口がないっての。「働くの、大変だ」って。おっくうだってか何ちゅうか、「負担がかかる」ってね。して、それで言ったっけ「じゃあ、うちは建てないで、復興住宅に入るべし」っつって。それでも何回も「うち建てるべし、建てるべし」って言ったんだけど、だけど、やっぱり経済的なもんだの、あとは将来住む人の（いない）こととかも、周りの人見ても、うち建てないで復興住宅に入る人たち、けっこういっから、黙ってそっちに、復興住宅に入ったんですよ。そういうことになったんですよ。（Bさん。二〇一三年八月二十八日インタビュー記録から）

Bさんは、法的な手続きの不安や仕事が保証されずローンが組めないことから、迷いながら、母親の勧めに従って復興住宅の申し込みをおこなった。結果、復興住宅に当選して「ほっとした」が、気持ちの半分では家の再建をあきらめられないという。ただ二〇一四年十月には、だんだん気持ちも変わってきていて、「家が欲しい」が、「復興住宅もいいなあ」と思い始めていると語っていた。

Bさんは震災前から、近隣・友人・医療関係者などのいくつかのネットワークのなかで暮らしてきた。しかし津波による住宅の流出によって、とりわけ就労の場面で重要だった、「うち」を拠点とする近隣ネットワークが断ち切られたことは、Bさんの生活に大きな変化をもたらした。実際、震災から二年半の間、Bさんの重要な局面でそのつど関わり続けたのは医療機関だったが、これは

Bさんを「守る」一方で、ある枠にはめ込むという表裏一体的な役割を果たしたといえる。まず震災直後、Bさんは薬を受け取りにいったが、医師からの提案によって即入院した。六月には退院許可が出たのでその準備をしていたが、「避難所では受け入れられない」と言われた。病院側と避難所側でどのようなやりとりがあったのか詳細は語られていないが、Bさんは明らかに避難所から拒否され「排除」されたことが推測できる。結果的に病院で四カ月を過ごすことになり、ここが避難所として、すなわちBさんの受け皿として機能した。

それから三年半ほどがたち、以前のつながりによる復職は望めず、さらに主治医からは、福祉的就労というかたちで働くことを勧められ、結局障害者雇用枠で働くことになった。震災を境にBさんは医療機関から守られる一方で、期せずして「福祉」サイドへ移行したといえるのではないか。

3 障害者運動との出会い——Cさんの経験

最後に、震災後新たな出会いがあり生活が劇的に変化したCさんの経験を見ていく。Cさんは二〇〇三年、二十代前半で難病に罹患、〇七年ごろから車いすを利用し始め、その後ほとんど寝たきりになった。一〇年ごろから体調に回復が見られたため、震災直前にはデイサービスに週二回通い始めたところだった。そのほかのサービスは利用しておらず、外出はほぼ施設・病院と家の往復だけだった。震災前も現在も母と同居していて、母も病気を抱えている。遠方に妹がいるが疎遠にしていて、相談相手はデイサービスの職員やケースワーカーなどだという。

震災後、デイサービスの職員からピアカウンセリングの話を聞いて興味をもった。二〇一一年九月、名古屋市の社会福祉法人ＡＪＵ自立の家が母体になって設立されたボランティア団体・被災地障がい者センターかまいし（二〇一三年九月からＮＰＯ法人・障がい者自立センターかまいし。以下、センターと略記）の職員を紹介された。

まずはセンター主催のイベントに参加するところから始め、その後、ＡＪＵ自立の家から資金援助を受けながら、二〇一二年六月には三泊四日で、七月には一カ月間の名古屋への自立生活体験旅行を経験した。ピアカウンセリングの研修も二回受講したが、そこで「カルチャーショック」を受けたという。八月には、岩手から宮城を歩く「みちのくTRY」[15]に参加。また九月には静岡市でおこなわれた「東海北陸車いす・市民交流集会 in 静岡」に参加した。さらに十一月からは通所施設をやめ、週に数回センターに通い始めた。一日に二本しか走っていないノンステップバスに乗るため、あらかじめバス会社に予約をしていたという。

デイサービスの職員がＣさんに情報を提供したこと、そこから被災地で活動を始めた障害者団体につながったことが、文字どおりＣさんの人生を変えたといっていい。それまで、送迎によって自宅と施設を往復していただけの生活から、介助者と一緒に遠方まで出かけて長期間宿泊したり、公共交通機関を使ったりと、矢継ぎ早に新たなことを経験している。

Ｃさんは東京や大阪、名古屋など都市部に居住する障害者と出会い、自らが置かれている状況との大きな違いを感じたという。移動支援サービスにしても、この地域でそれが「使える」という発想自体がなかった。その後、センターの職員らの助言を受けながら、役所にサービスの充実を訴えにいくなど、積極的な行動をとるようになったという。Cさんは現在、「地域」での生活を具体的に構想しようとしているようだ。

この前、センターの利用者が「ラーメンを食べに行きたい」って言ってたの。（略）「じゃあ北海道行ってみそラーメン食べよう」みたいな、まあ大げさにいうとそうなんですけども。「じゃどこ行く」「ここ行く」とか、福祉の枠を越えた、自分たちのやりたいことを、外出したりっつのを、僕は求めてるわけですよ。（Cさん。二〇一三年八月二十八日インタビュー記録から）

Cさんの言葉からは、施設と自宅の往復という「福祉」の枠のなかでの生活ではなく、ほかの者と同じ――好きなときに好きなものを食べる自由をもつ――生活を夢想していることが見て取れる。Cさんの、まずはこの地域で障害者が「普通に」生きられる社会を目指したいという思いは強い。それは以前から考えていた、Cさんが思うピアカウンセラーの仕事とも近いのではないかと語っている。

おわりにかえて

これまで障害をもつ人の震災をめぐる経験について見てきた。特にAさんの例からは、すでに繰り返し指摘されている、緊急時に援助を必要とする人の支援についての課題が見えてくる。現在ある災害時要援護者支援に関するシステムの改編や、平時からの取り組みの検討などは喫緊の課題だろう。(16)また避難所の種々のバリアの除去や、避難先への介護職員などの派遣システムの完全な構築が必要であることもいうまでもない。

またBさんの例からは、やはり障害をもつ人もともに過ごせる避難所のあり方の検討が課題として見えてきた。さらに雇用については、被災後、復職するにあたっての困難と支援の必要性を確認できた。ただし、Bさんは、「障害」というカテゴリーのなかでの働くことを不本意だと感じ、この枠外での就労を望んでいた。

ここで言及しておきたいのは、震災前からの障害者が置かれた状況の、都市部との大きな差異である。AさんやCさんの以前の生活についての言及からも推測されるが、この地域では、障害をもつ人が自宅で暮らすための基盤が弱い。(17)いうまでもなく公的な制度は存在するが、地域によってサービス給付に差があることについては以前から指摘があり、この格差が今回の震災によって明確になったということだろう。またこのこととも関連するが、「障害者」をそうではない人と差別化する傾向も強いようだ。Aさんは最初のインタビューで、「障害者だからって、本当にバカにしてる」「(身内は)障害者がいると恥ずかしいと思ってる」といった言葉で、障害者に対する近隣の人や身内からの差別的なまなざしについて何度も言及した。こうしたことがあるために、AさんもBさんもこの境界線に、非常に意識的であるように思われる。

このような状況に立ち向かう可能性をもつのが、第3節で言及した被災地障がい者センターかまいしのような団体による活動である。本章では詳しく言及できなかったが、これらのセンターの動きは阪神・淡路大震災から連なるものであり、今回も被災三県で「障害者が支援する側に回り、その能動性を発揮[18]」し、障害当事者団体を主体とする支援活動をおこなった。[19]こうした動きは、被災した「ヴァルネラブル」な存在である障害者自身にも、エンパワメントの作用をもたらすなど大きな影響があったことは、Cさんのその後の生活の劇的な変化の様子に顕著に見て取れる。支援活動はもちろんだが、より重要な意味があったのは、障害をもつ人が自ら電動車いすでやってきてこの土地を歩き回り、そして彼らが勝ち取り、実際におこなっているそれぞれの「地域生活」について語ったことだろう。障害者として、利用できるサービスを最大限に生かした「自分らしい」生活が可能であること、あるいは障害者でありながらも「福祉」の枠外で生きる人生、言い換えれば、「他」でもありうる可能性についてまさにその身をもって伝えたことこそが、この地域に暮らす人々に強烈な印象を残したのではないか。

同時に、この地域で欠如していたのは、障害者の地域生活のモデルであり、それを提供するサービス提供事業者だった。他地域の当事者の能動性や支援活動が、Cさんに地元の限定的なサービス給付について疑問を抱かせ、異議申し立て活動をおこなわせるきっかけを作ったことも特筆すべきだろう。こうしたことが、AさんやBさんらを取り巻く重苦しい空気を少しずつ変え、地域でのさまざまな範囲に及ぶ格差を埋めていく原動力になるのではないか。いましばらくは、この動きを見守っていきたい。

注

(1) 平山輝男編集代表『岩手県のことば』(「日本のことばシリーズ」、明治書院、二〇〇一年)二〇六ページ、佐藤亮一監修、小学館辞典編集部編『標準語引き 日本方言辞典』(小学館、二〇〇四年)七七五ページによる。

(2) 田中淳は災害種別を問わず高齢者や障害者の被災が多いことを指摘している。田中淳「災害弱者問題」、大矢根淳/浦野正樹/田中淳/吉井博明編『災害社会学入門』(「シリーズ災害と社会」第一巻)所収、弘文堂、二〇〇七年、一三七ページ。また、災害と個々人のリスクに対する脆弱性については、ベン・ワイズナーほか『防災学原論』(岡田憲夫監訳、築地書館、二〇一〇年)を参照。障害者の災害時のリスクが高いことを示すのに、障害者の死亡率の高さをデータとして用いることが多い。各県の調査によると、今回の震災での障害者手帳保持者の死亡率は、全住民と比較して高い数値を示していて、高い順に宮城県女川町(一五・六%)、宮城県南三陸町(一二・六%)、岩手県大槌町(九・三%)である(「河北新報」二〇一二年九月二十四日付)。このデータでカウントされているのは手帳保持者だけであり、手帳取得そのものに地域差があることにも注意しなければならないが、死亡率が高い要因として、回避行動や避難行動の遅れ、音声など情報の入手の遅れ、近隣ネットワークや仕事のネットワークなど、社会的ネットワークからの孤立が指摘されている。

(3) インタビューは、二〇一二年八月から一四年十月までに、岩手県沿岸地域(二市二町)の七被災世帯を対象におこなったが、本章ではそのうち三人について分析する(表1)。対象者は被災地で障害者を支援するボランティア団体から紹介を受けた。岩手県沿岸地域には一二年八月、十一月と一三年八月、一四年十月に訪問し、調査をおこなった。初回の調査時に、事前に紹介団体を通じて調査の目的・内容について説明し調査実施の了承を得た。調査者は二人から四人、対象者は一人から二人でおこなった。場所は対象者の自宅や職場、ファミリーレストランなどの飲食店、支援団体の事務所だった。冒頭に調査の趣旨、プライバシーの保護、回答拒否の自由などについて話し、録音の許可をもらった。すべてのケースについて録音をおこない、文字起こし記録を作成した。調査者側から事前に準備した質問をしたが、調査対象者の語りやその順番を妨げないように注意を払った。時間は一時間から二時間半。

表1　インタビュー対象者一覧

Aさん	50代前半・女性	肢体不自由
Bさん	40代後半・男性	精神障害
Cさん	30代前半・男性	肢体不自由

(4) 同様の例として「読売新聞」二〇一一年四月二十七日付の記事や、加藤俊和「多くの被災視覚障害者が支援から取り残されていた……——私たちが一部把握できた〝八割以上〟の方々」(「特集 東日本大震災と障害者」「福祉労働」第百三十五号、現代書館、二〇一二年、五九ページ)など。

(5) 内閣府『災害時要援護者の避難支援に関する検討会報告書』二〇一三年、一二ページ。内閣府の報告によれば、個人情報を開示することに抵抗を覚えたり、制度自体を知らずに登録しなかったりした人もいたようだ。さらに名簿が作成されていても、活用方法が十分に認識されておらず、避難支援や安否確認が遅れたこともあったという。

(6) 避難所での物理面のバリアについては多くの言及がある。特に車いす利用者にとって体育館などは過ごしづらい場所だった。Cさんは居場所を入り口近くに指定され、人の出入りが多くて眠れなかったことがいちばんつらかったと語った(二〇一二年八月十五日インタビュー記録から)。

(7) 視覚障害者にとっての、避難所などのトイレ利用時の苦痛については、前掲「多くの被災視覚障害者が支援から取り残されていた……」五九―六〇ページに詳しい。

(8) 厚生労働省社会・援護局障害保健福祉部企画課自立支援振興室「(事務連絡) 三月十一日に発生した「東北地方太平洋沖地震」により被災した視聴覚障害者等への避難所等における情報・コミュニケーション支援について」二〇一一年、厚生労働省社会・援護局障害保健福祉部企画課長補佐/厚生労働省老健局高齢者支援課長補佐ほか「(事務連絡)「東北地方太平洋沖地震」による社会福祉施設等に対する介護職員等の派遣依頼について」二〇一一年。これを受けて、三月十八日から岩手・宮城・福島三県の避難所や介護施設などに千五百四十人(二〇一一年九月二日時点)が派遣されている。『東日本大震災における高齢者・障害者等に対する福祉支援のあり方に関する調査研究事業報告書』(全国介護者支援協議会、二〇一二年、二八六ページ)によれば、ある自治体の社会福祉協議会の在宅サービス部門は、「震災後、在宅サービスを一時停止、その間職員は自治体の要請で避難所での支援に従事した」という。

(9) 特殊なものでなくても、必要な医薬品などが避難所に届かないことがあったようだ。山口真登香「三月十七日 先日の避難所の聞き取りについて」「福祉労働」第百三十一号、現代書館、二〇一一年、一三―一四ページなど。

(10) 佐藤恵『自立と支援の社会学――阪神大震災とボランティア』東信堂、二〇一〇年、一六ページ

(11) 毎日新聞社の調査によれば、二〇一二年八月時点で岩手、宮城、福島三県の三十一の精神科病院の六五%が震災前に比べて入院患者が増加したという。そのうち三五%が増加理由を震災の影響とし、具体例として認知症などの患者の受け皿不足、病状悪化した患者の増加、被災病院からの転院などをあげている(「毎日新聞」二〇一二年九月十五日付)。

(12)宮城県の精神科病院の状況については、山本潔「被災地の精神障害者は何を思い、どう動いたか――私にとっての震災体験とは何だったのか」(前掲「福祉労働」第百三十五号、八二―八四ページ)を参照。

(13)誰の支援も受けられず孤立した障害者がいたことについて、「毎日新聞」二〇一一年四月八日付の記事や、前掲「被災地の精神障害者は何を思い、どう動いたか」が伝えている。また自主的に避難所に「入らなかった」障害児の親もいた(「朝日新聞」二〇一一年三月二十二日付)。

(14)このときの世帯収入は、Bさんの障害年金と母親の老齢年金、そして母親のパート労働による賃金で、およそ合計十四万円弱。つつましやかな生活であれば、Bさんが就労しなくても何とかやっていけた。しかし高齢の母親が倒れたらどうなるのか、という心配はあった。

(15)もともと「TRY」とは一九八六年に関西の障害者団体が交通機関にバリアフリー化を要望した活動をきっかけに全国に広まったものだが、今回は、東日本大震災からの復興に障害者の視点を反映するよう求めるために被災地を巡るものとして企画された。

(16)災害前・災害時の行政や地域住民との連携などについては、ゆめ風基金が検討を積み重ねてきている。認定NPO法人ゆめ風基金編『障害者市民防災提言集(二〇一三年改訂版)』関西障害者定期刊行物協会、二〇一二年

(17)サービス利用については、田宮遊子/土屋葉/井口高志/岩永理恵「脆弱性をもつ世帯への災害の複合的影響――住宅・就労・ケア・移動にかかわる問題に焦点をあてて」(「社会保障研究」第四十九巻第三号、国立社会保障・人口問題研究所、二〇一三年、二九九―三〇九ページ)を参照。また、本地域の相談支援専門員によれば、地域の特性として「障害をオープンにしにくい」「少数意見だからがまんしてしまう傾向」があり、それがサービスの質や支援の質の偏りを生じさせることがあるとい

う（相談支援専門員へのインタビュー調査〔二〇一二年八月十六日〕メモから）。
（18）前掲『自立と支援の社会学』二二ページ
（19）この活動の詳細については土屋葉「東日本大震災における障害をもつ当事者による／への支援活動」（「東海社会学年報」第六号、東海社会学会、二〇一四年）を参照。

謝辞

本研究は、平成二十四―二十六年度科学研究費補助金（課題番号24330164）「震災等の被害にあった「社会的弱者」の生活再建のための公的支援の在り方の探究」（研究代表 土屋葉）の研究成果の一部である。なお、本調査は、神戸学院大学「ヒトを対象とする研究等倫理委員会」の審査を受け承認されている。

本研究にご協力いただいたみなさまに、心からお礼を申し上げます。

第3章　被災障害者支援の復興市民活動
――阪神・淡路大震災と東日本大震災での障害者の生とその支援

佐藤　恵

はじめに

本章は、阪神・淡路大震災と東日本大震災での、障害者や高齢者など、「震災弱者」[1]とされる人々のうち、特に被災障害者に注目し、震災時の障害者への社会的被害の集中とそうした困難を抱える人々に対する支援や「支え合い」の活動に焦点を合わせ、震災下での障害者の生とその支援について社会学的に検討することを目的とする。

阪神・淡路大震災と東日本大震災とでは、前者が都市直下型地震による震災、後者が広域災害で、かつ地震・津波・原発事故の「複合被害」をもたらした震災というように、震災としての様相は大きく異なる。しかし、両震災とも、市民全体がインパーシャルに被害を受けたわけではなく、平時からヴァルネラブルな障害者や高齢者などが、非日常時に集中的に被害を受け、「震災弱者」化したという点で共通する。本章はそこに注目したい。

本章で中心的に取り上げる被災障害者支援団体は二つある。一つ目の団体として、阪神・淡路大震災直後にボランティア団体として発足した、被災地障害者センター（神戸市長田区。以下、センターと略記。現：NPO法人・拓人こうべ）による、阪神・淡路大震災復興支援活動を考察する。[2]

阪神・淡路大震災でのセンターの障害者支援活動は、全国からのボランティアを動員した、神戸市内八百五十軒の障害者家庭の訪問による安否確認、物資提供、生活支援などであり、また、プレハブ三棟のサバイバーズ・エリア（緊急生活の場）の設置、小規模作業所の復興、情報発信なども展開した。[3]

二つ目の団体として、ゆめ風基金（大阪市。以下、ゆめ風と略記。現：NPO法人・ゆめ風基金）による、東日本大震災復興支援活動に照準する。[4] ゆめ風は、センターの関連団体であり、センター同様、阪神・淡路大震災を契機として発足した、被災障害者支援のための基金である。

東日本大震災でのゆめ風の障害者支援活動は、後方支援として障がい者救援本部（東京、大阪）を置いたうえで、現地の活動拠点として被災三県に被災地障がい者センターを設置している。支援活動の主な内容は、被災障害者の状況調査、物資提供、ヘルパー派遣、移送サービス、相談事業、障害者拠点への資金援助、沿岸部の支援拠点の設置などである。

1　被災障害者が抱える困難

阪神・淡路大震災で、障害者には社会的被害が集中的に現れ、重層化していった。それらは、①安否確認の手が届きにくく、情報へのアクセスが閉ざされやすかったこと、②避難所・仮設住宅などの物的環境面のバリアが立ちはだかったこと、③介助が不足していたこと、④被災市民を画一的に取り扱い、障害者への特別な配慮をおこなわない「一律「平等」主義」と、「一律「平等」主義」のもとでの独力生活困難者に対する「施設・病院収容主義」、⑤避難所などでの、周囲の他者からの排除的な対応、⑥自力で生活再建が可能な者とそうでない障害者との間の復興格差、によって生じた。

自然災害としての地震を契機にして、種々の社会的被害が重層化し、障害者のヴァルネラビリティの先鋭化の問題が浮かび上がったのである。被災障害者が抱えるこれらの困難は、震災以前から存在していた日常的な生活上の困難であり、それが震災という非日常時にいっそう顕在的・先鋭的に現れ、そこに「震災弱者」が生み出されていった。(5)

障害者にとってしんどさというのは、もちろん震災前からあったわけですけれども、(略)うちが家庭訪問〔による安否確認：引用者注〕に行きまして、何かしますよ、何でもしますよと

言って（略）本当に日常的な生活の介助、介助者がいないということで。（センタースタッフF氏、一九九五年八月）

日常的困難の一つとして、F氏も指摘している③の介助不足の問題に照準すると、神戸市では「これまでヘルパーの雇用が少なくて地域福祉サービスが全国でも最下位グループに位置していた」[6]と大谷強は述べている。震災以前から、介助不足の状況だったのである。

少しでも支援者がいてくれたその地域が崩れて、それぞれ支援者も障害者も別々の所に移ったということがあって、もう一度、一から再生するということはすごく大変なことなんですよね。（センタースタッフF氏、一九九六年四月）

介助不足の状況を埋めてくれていた支援者との関係性が震災の影響で消滅し、日常的困難としての介助不足が顕在化・先鋭化して、支援関係を一から再生せざるをえないという問題が生じてしまったのである。

ここで、③の介助不足という困難は、④の「施設・病院収容主義」と連動していく。震災前から、介助不足のなかで、「障害者たちは災害時には施設に収容すればいいという認識が定着して」[7]いて、震災時にそれが現実化したのである。

避難所じゃ絶対住まわれへんし（略）障害者が使えるような場所で何か提供してもらわんと、このままじゃ生活もたないからって言ったら、いやそのために施設があるんですからって話に。（略）地域へ地域へと言ってるはずなんですけどね。（センタースタッフF氏、一九九六年七月）

センター事務局長O氏によれば、兵庫県・神戸市の在宅障害者への対応は、「「とにかく施設に入れる」「精神障害者、内部障害者については病院に入れる」であり、二〇年前の「施設・病院収容主義」への歴史のさかのぼり」「「地域での自立」の否定」「保護主義」[8]でしかなかったという。

こうして、支援を必要とする人々が通常の地域生活を営め、排除されない社会を作るというノーマライゼーションの理念は、非日常的状況で打ち捨てられたといえるだろう。震災前から介助不足だった神戸市では、震災という非日常的状況で地域での自立が否定され、「施設・病院収容主義」によって施設への収容がおこなわれたのである。

では、以上のような、障害者にとっての社会的被害の重層化は、東日本大震災ではどうだったのだろうか。結論をいえば、前述の①から⑥の困難については、阪神・淡路大震災時の再現になり、あのときの教訓が生きていないことがあらわになった。[9]そして、それらの困難は、やはり震災以前から存在していた日常的な生活上の困難が顕在化したものである。

そのうち③の介助不足の問題についていえば、東北では震災以前から、大規模施設サービス中心で、施設入所以外の選択肢が乏しく、在宅サービスが弱かった。被災三県のうち、福島は自立生活を送る障害者が比較的多く、宮城の仙台圏も同様だが、一方、仙台圏以外の宮城と岩手では施設入所が多い。

入所系が中心のところでは、在宅福祉サービスの基盤が脆弱で、そもそもヘルパーを利用するという土壌がなく、地域で生活するための社会資源が不足している状態であって、選択肢は施設入所、そうでなければ親元に限られている。

ゆめ風・Y理事によれば、「東北の支援で驚いたのは、障害者一人ひとりが受けている在宅サービスの絶対量の不足である。例えば岩手県が今年発表した第三次障害者福祉計画では、宮古市におけるヘルパー派遣の一カ月あたりの派遣目標時間が約七百時間。利用者は一日平均二人にも満たない（人口約五万六千人、手帳所持者数三千三百七十一人）。親元を離れ地域で自立生活を営む人がほとんどいない。それどころかヘルパーを利用する土壌がないのが現状である。（略）東北では入所施設が強く、また大きな福祉法人が主流で地域の中に選択できるだけの福祉事業所がないところが多いのである[10]」。

宮城・岩手では、震災以前から、平時から「施設・病院入所主義」の風土だったわけで、これは震災時に「施設・病院入所主義」への遡行が見られた阪神とは異なる点である。

岩手のケースでは、「岩手県沿岸部は社会資源が乏しい地域です。障がい者の暮らしは、震災前から我慢を強いられてきました。「重度」とされる人は入所が当然とされています。「自立」の概念はほとんど知られていません。ヘルパーなどを利用し、自立生活を営む障がい者は、宮古市内に現在いません。したくても出来ない環境だからです。制度はあっても無いに等しいのです。CILはおろか、一般のヘルパー事業所もほとんどありません。価値観が追いついていない。都市部とは違うのです」[11]。「岩手では自立を目指す障害者は県外を目指す」といわれ、ＣＩＬ（自立生活センター）八年の活動のうち、障害当事者は二人だけだという[12]。

また、福島では、原発事故によって介助者が避難し、介助不足に陥っているケースがある。「福島県においては、今なお続く原発事故の影響から介助者の離職が続き、重度障害者の介助体制を維持することに困難が生じ始めている。長時間の介助枠を短時間枠で繋ぐなど、少ない介助者でなんとか障害者の生活を支えている状況にあり、すでに外出や旅行、社会参加等には支障が出ている状況にある[13]」

岩手では、平時だけでなく震災時にも④の「施設・病院収容主義」が先鋭的に現象した。「この地方は大きな社会福祉法人があり、そこが大きな施設をもっていて、多くの障害者がそこに収容されているということだった。仮に障害者が一旦避難所に行ったとしても、多くの場合は施設に（高齢者施設であってもおかまいなく）収容することになるようだ。そしてそれは、震災以前からそういう状況だったということだ。障害者が地域で生活できるようにする団体も地域にはあまり存在せず、大規模施設が当たり前の社会であり、障害者には施設以外の選択肢がほとんどないということである[14]」。震災以前から施設以外の選択肢がないという困難が、震災時に、「高齢者施設であってもおかまいなく」というほどの先鋭的な「施設・病院収容主義」として現象したものといえる。

2 ピア・サポートとボランティア／NPOによる支援

第1節で見てきたように、震災時、日常的困難の顕在化・先鋭化によって被災障害者は、被災市民のうちでももっともヴァルネラブルな「震災弱者」になっていった。ただし、だからといって被災下の障害者をそのヴァルネラビリティでだけ捉えて無力な存在と見なすならば、それは一面的にすぎる。確かに障害者は非日常時にしばしば「震災弱者」化したものの、同時に、障害者が支援する側に回り、その能動性を発揮しえた場面があったことも見逃せない。

地域拠点の話なんですけれども、地震直後に、安否確認から物資の補給からすべて自分の知っている範囲の障害者のことをやってくれて、なおかつ、本当に地域拠点、作業所なんかが炊き出しを何度も学校なんかでしたんですね。（センタースタッフF氏、一九九五年八月）

このような障害者によるピアに対する安否確認、物資提供、あるいは健常者市民に対する炊き出しなどの能動性の発揮をめぐり、センター事務局長O氏は、「障害者は「救援される」「保護される」存在ではない。障害者が地域で積極的に復活・救援活動をする主人公[15]」だと述べている。センターのF代表（前述のスタッフF氏とは別人）は、そうした能動性の基盤になったのは、自立生活のための生活支援ネットワークだと見る。F代表によると、「自立障害者にとっては、普段の生活があらゆる人々の関わりがなければ維持できない毎日である。介護という名でいろいろな人々が家に訪れ、ネットワーク作りを日々行っていたから地震直後、他の住民はただ怯えて、物資も援助の人手もすぐには手には入らない状況があったなか（略）自立生活者のネットワークを使い、物資や人材確保ができた」[16]。ここからうかがえるのは、ヴァルネラブルだからこそ、社会的支援を獲得しながら生きるネットワークが日常時から必要になり、そしてそうしたネットワークが非日常時での障害者の能動性発揮を準備したということである。被災障害者のヴァルネラビリティから能動性への転回と表現できるだろう。

東日本大震災でも、ネットワークを活用した障害者の能動性発揮が見られた。「全国の自立生活センターや障害者団体は、各地で募金活動を展開し、救援本部の財政的なバックアップを担ってくれていた。障害者団体のネットワークの強さに気づかされることとなった」[17]

また、仙台のＣＩＬたすけっとは、生活支援ネットワークを通じて、早い段階から物資などの支援を県外各地から受けていて、届いた物資をより多くの被災障害者に配布する活動をおこなっていた。たすけっとは、「ゆめ風ネットみやぎの一員として、災害が起きたら支援活動をすることを決めていたので、そのことを実践したい。障害者メンバーが支援の中心となり、できることをやっていく」[18]というスタンスを打ち出し、障害者への物資配給や救援活動の拠点になった。

これらのケースでの、「障害者団体のネットワーク」「障害者メンバーが支援の中心」という部分は、ピア・サポート的な支援のあり方といえるだろう。

ただ、障害者によるピア・サポートは、ピア同士だからこそ障害者固有のニーズの把握とそれに即した支援ができるという側面がある一方で、支援に必要な資源をピアだけでまかないきること、非常時にピアだけで支援を担いきることは容易ではない。

そこで、ピア・サポートだけでなく、ボランティアやＮＰＯなどの市民活動による支援が、被災障害者支援では大きな意義を有することになる。日常的困難が顕在化・先鋭化した障害者は、独力では容易でない生活再建・自立に向けた取り組みを、ボランティア／ＮＰＯといった市民活動の支援者との関わりでおこなっていかざるをえない。

市民活動による支援は、第１節④の「一律「平等」主義」とは対照的な論理に基づく。「一律「平等」主義」は、被災市民すべてをインパーシャルに取り扱う行政的論理であり、この論理のもとでは、「震災弱者」は個別支援を受けられず放置される結果となる。

それに対して、市民活動による支援はパーシャルな対応が可能であり、被災市民のなかでももっともヴァルネラブルな存在に焦点を合わせ、そうした存在に対して多様なニーズに即した個別支援をおこなう。阪神・淡路大震災時のセンターによる支援実践では、「顔の見える関係」で一人ひとりの障害者の生活やニーズを把握し、それに基づいて「いっしょに支え合う活動」[19]を作り出そうとする個別支援に注力してきた。東日本大震災でのゆめ風の支援も、個別支援に重点を置いている。ゆめ風・Ｙ理事によれば、「いろんな人とつながりをつけて、しんどい思いをしている障がい者を見つけ、個人レベルの支援に重点を置く」[20]。第３節ではこのゆめ風の支援活動についてさらに検討を加えたい。

3　東日本大震災での支援のポイントと困難

ここでは、東日本大震災でのゆめ風の支援のポイントと困難に関して検討する。

ポイントの第一は、第2節でも見たように、個人レベルの個別支援という点である。避難所に障害者の姿が見えないなか、すべての避難所を回り、障害者との出会いを作り出すことに努めた。出会った障害者については一人ひとり「個人カルテ」を作成し、ケース会議で共有したうえで支援している。

ポイントの第二は、長期支援という点である。個々の障害者と出会っているので、二、三カ月の短期で引き揚げることはできず、三年から五年程度を目安として活動する。

これら第一・第二のポイントによって、関係機関との信頼関係が成り立ったとゆめ風・Y理事は述べている。

> 岩手においてわりと短期に関係機関との強い信頼ができたのは、「いわて」〔被災地障がい者センターいわて：引用者注〕が、行政補助の難しい障がい者団体への支援を行うだけでなく、ヘルパー派遣や通院の送迎など個別支援に重点を置いて活動すること、また二〜三カ月で引き揚げるのではなく、長期にわたる支援をきちんと行うということを表明したからです。[21]

ポイントの第三は、地元優先という点である。阪神・淡路大震災の場合は、震災以前から市民活動が活発な地域で起きた震災なのに対して、東日本大震災の場合は市民活動が活発ではない地域であり、近隣住民によるボランティアはごく少数で、遠方からのボランティアが多いという違いがある。そうした状況で、地元の主体性を尊重するために、地元の人を支援者として雇用し、県外の有償スタッフから地元の有償スタッフに切り替えていく（ゆめ風・Y理事、二〇一二年二月）。

ポイントの第四は、支援の担い手／サービスの利用者としての障害者の育成という点である。ゆめ風・Y理事によれば、「ゆめ風基金の事務所のある大阪だと街を出歩いている障がい者が、岩手県では「重度」だからと決めつけられ、家庭に引きこもっている姿が何件もありました。ここでは、福祉の知識をもつ健常者だけではだめだ。障がい当事者こそ支援の担い手になって、岩手県の障がい者たちに声をかけていくことが必要なのだということを痛感しました[22]」。二十代、三十代の障害者には、支援のめどがついても「しつこく通う」という。また、被災して困っていなくても、元気な障害者には必ず声をかける。それらの人が支援の担い手になりうるからである（ゆめ風・Y理事、二〇一二年二月）。

こうした、支援の担い手の育成と同時に、福祉サービスの利用者としての障害者の育成もまた重要とされる。ゆめ風・Y理事によると、「障害者がヘルパー等を利用し、街に当たり前に出て行く風土をつくることが重要なのである。その意味で、昨年夏から健常者ボランティアだけではなく、実際に自立生活をしている障害当事者に被災地でボランティア活動をしてもらっている[23]」。東北では、「サービスを使うことに遠慮がある」という地域特性があり、また、「サービスを使えることを知らずに利用していない」人も多く、支援の担い手の育成と同時に、サービス利用者の育成も必要になるのである（ゆめ風・Y理事。二〇一三年一月）。

ただし、以上のようなポイントをふまえた支援を展開しながらも、ゆめ風による被災障害者支援には、一定の困難も伴っている。

とにかく最初の一年目は外部ボランティア中心の時期ですよね。どういうふうに困っている人たちに支援するか、それだけを考えていればよかった。二年目あたりから地元の人たちとのバトンタッチになってくるというかたちになって（略）三年目に入るともう外部ボランティアはいっさいいなくて、地元の人たちに新しいサービスに向けた動きをしてほしいということを宣言してですね、僕自身もあまり中心的に入るんじゃなくてアドバイス的に入るということでいうと、今年がいちばん難しいですよね。直接手出しをするわけにいかないので（略）こちらの思惑とちょっとずれてたりするときもありますけども、まあそれはそれでいいかというようなかたちで見守っていくという立場になってしまったので。（略）金銭的には支援できるけども、直接的には地元で決めてくださいという時期にもう来年なるので（略）僕なんかはやっぱりヘルパーステーションを立ち上げてほしいと思ってたんですけどね、なかなかそうはいかないというような。（略）児童デイにしても就労支援にしても生活支援にしても、まずは通所型から始まってるっていうかたちになって（略）まあそれは地元が決定されることなんでね、あんまりやいのやいのと方向をこっち側が決定づけるわけにいかんというような、そういう難しさがありますね。（ゆめ風・Y理事、二〇一三年十二月）

ヘルパーステーション設置は、第1節でふれたように大規模施設中心で、それ以外は親元での生活という東北ではヘルパーを利用する土壌がないことに鑑みて、まずヘルパーサービスの利用者としての障害者を育成したうえでヘルパー派遣事業所を立ち上げ、在宅福祉サービス基盤を充実させることを志向する発想といえるだろう。だが実際には、ヘルパーステーションよりはむしろ、通所型が設置されてきているという。

これは、福祉基盤をどう充実させるかのイメージが、ゆめ風側と地元側とで一致しない場合があるということである。前述の支援のポイントの第三である地元優先という点を貫徹させようとすると地元の決定が尊重されるものの、ゆめ風側の想定するイメージと異なることがありうるというジレンマが、支援の困難な部分として存在するわけである。

4 日常時からの取り組み

本章では、非日常時に集中的に被害を受け、「震災弱者」化した障害者の生とその支援について検討してきた。最後に、非日常時の社会的被害を低減するための日常時からの取り組みについて考えたい。結論をいえば、必要なことは、障害者と健常者とを「つなぐ」こと、障害者と地域とのつながりを作ることである。この点について、センター事務局長O氏は、「障害者と接点をもつ市民」を増やすことだという。

当事者が元気になること、もう一つは、その当事者が元気になるのを支える市民層がエネルギーをもつこと、というふうに考えれば、とにかくいま、障害者と接点をもつ市民が、どんなかっこうであれ、増えるしかないんですよ。知られてないんだもん、二十四時間介助が必要な障害者の生活って、何%の人が知ってるんだろう、みたいな。とにかく、関わる人、それから実態を知ってもらえる人を増やすというのが、僕は、第一目標やと思うんですよね。（略）まず、僕は、できるだけ多くの人と接点を作るのがグループとしての最大の役割なんじゃないかと思ってるんです。方法論は、あらゆるチャンネルを使ってやる。（センター事務局長O氏、一九九九年七月）

「あらゆるチャンネルを使って」障害者と市民を「つなぐ」ことによってこそ、「当事者が元気になること」が可能になるという認識が示されている。同様の方向性として、ゆめ風・Y理事も、「障害者と健常者との付き合いの密度を強くする」ことをあげる。

以前だと、街の人に声かけて階段なり上がろうと思ってたのが、今はヘルパーなり駅員に言えば階段が上がれちゃう。街の人を頼らなくなってしまった障害者の生活っていうのがあるんですね。（略）街のなかでもヘルパーとしか関係性がないんだったら、街のなかにいる意味がない（略）本当の意味でのノーマライゼーションが達成されてなくてですね、あたかも街中にいてヘルパーさんと一緒に生活ができちゃってるんで、それでノーマライゼーションだというふうに思い込んでる。（略）やっぱりもっともっと街の人たちとの付き合いっていうなかで生活をしていかないと（略）。障害者と健常者との付き合いの密度を強くするっていうこと。（ゆめ風・Y理事、二〇一三年十二月）

施設生活、親元での生活はもとより、街中での生活でもヘルパーとの関係だけしかもたないのであれば地域とのつながりに乏しく、ノーマライゼーションとはいえない。やはり障害者と地域を「つなぐ」ことが必要だという認識が示されている。

第1節で言及した、例えば周囲からの排除的対応の問題なども、地域とのつながりがあれば困難は一定程度、低減しうるものと思われる。

そのうえで、ゆめ風・Y理事はもう一点、避難所開設訓練への参加もあげている。

宮城のたすけっと〔CILたすけっと：引用者注〕のメンバーが、避難所の小学校に行ったときの避難所状況というのがあって、それは、健常者そのものが何をしていいかわからない状態で避難所に来てしまったと。障害者にかまってられる状況じゃなかったんですね。だから、もっと避難所開設訓練をしてですね、行ったらすぐに受付を作ろうとか本部を作ろうとか、障害者の人たちはこっちに避難してくださいっていう指示する係がいれば、障害者も避難できるんじゃないかと。（略）教室についても体育館しか開けないというのが決定的に間違いで、いま、箕面市なんかは一階の教室まで開けるようにしてるんですね、高齢者・障害者にね。そういう新しいルールに基づいて避難所開設訓練をしていくっていうことがかなり大事かなと。（ゆめ風・Y理事、二〇一三年十二月）

またこれも第1節で言及した避難所でのバリアの問題も、障害者側・健常者側双方にこうした訓練への参加経験があれば、困難は低減しうるものと考えられる。

そしてこのような訓練は、障害者と健常者との出会いの契機になり、震災以前から、そして震災時にも、しばしば障害者に排除的対応をおこなってきた地域社会のあり方そのものを問い直す機会にもなりうるだろう。

注

（1）本文中では「震災弱者」間の差異には照準していないが、例えば障害者と高齢者とでは、同じ「震災弱者」といっても置かれている状況に異なる部分がある。第一に、避難の仕方について、高齢者は家族ごと避難所に避難しているが、障害者は一時的に避難所に行ったとしても、物的環境面のバリアの存在によって親戚宅へ移り、さらにその後アパートを借りる（みなし仮設）ケースが多い。第二に、震災関連死が相当数出ていることから、高齢者には医療体制が必要だが、障害者にはむしろヘルパーが必要である。第三に、同じくヘルパーを求める場合でも、高齢者は命の継続という意味でヘルパーを求めるが、障害者は社会参加という意味でヘルパーを求める。第四に、高齢者は家族が面倒をみることが容易でない場合に遠くの入所施設も選択肢に入ることが少なくないが、障害者は地域で生きたいという点で、遠くでは不都合になる。第五に、障害者は個別対応の支援になるが、高齢者は家族が高齢者をどうしたいかという点で、しばしば家族の希望に軸足が置かれる（ゆめ風・Y理事、二〇一三年十二月）。

（2）佐藤恵『自立と支援の社会学——阪神大震災とボランティア』東信堂、二〇一〇年、参照

（3）その後、二〇〇〇年からは高齢障害者を対象とした介護保険指定事業と障害者ホームヘルプ事業も手がけてきたが、〇六年には、組織のスリム化を図るため、介護保険事業と居宅介護事業をネットワーク関係にある社会福祉法人・えんぴつの家へ移行した。

（4）佐藤恵「震災復興支援の市民活動」、学術の動向編集委員会編「学術の動向」二〇一二年十月号、日本学術協力財団、八四―八七ページ、同「震災復興支援と「支え合い」」、「特集 ポスト3・11における社会理論と実践」、福祉社会学研究編集委員会編「福祉社会学研究」第十号、福祉社会学会、二〇一三年、五六―七二ページ、参照

（5）前掲『自立と支援の社会学』

（6）大谷強『増補改訂版 自治と当事者主体の社会サービス——「福祉」の時代の終わり、マイノリティの権利の時代の始まり』現代書館、一九九九年、二一ページ

（7）同書二五ページ

(8) 大賀重太郎「なんでこんなに涙もろく、なんでこんなに腹立たしい!」、ノーマライゼーション研究会「ノーマライゼーション研究」関西障害者団体定期刊行物協会、一九九六年、一七一―一八一ページ

(9) 前掲「震災復興支援の市民活動」、前掲「震災復興支援と「支え合い」」

(10) 八幡隆司「東日本大震災における障害者支援の今後の課題」「福祉労働」第百三十五号、現代書館、二〇一二年、二〇ページ

(11) DPI日本会議事務局編「DPI――われら自身の声」第二十八巻第一号、障害者団体定期刊行物協会、二〇一二年、二〇ページ

(12)「福祉労働」第百三十一号、現代書館、二〇一一年、四三ページ

(13) 前掲「DPI」第二十八巻第一号、一二ページ

(14) 前掲「福祉労働」第百三十一号、三四ページ

(15) 前掲「なんでこんなに涙もろく、なんでこんなに腹立たしい!」八ページ

(16) 福永年久「西宮・神戸では、障害者・老人はもう住めない」「福祉労働」第六十九号、現代書館、一九九五年、三二ページ

(17) 前掲「DPI」第二十八巻第一号、一一ページ

(18) 前掲「福祉労働」第百三十一号、二一ページ

(19) 被災地障害者センター編「KSK拓人〜きり拓くひとびと――被災地障害者センター『活動の報告・検証・提言集』一九九七年四月〜一九九八年三月」「KSK」千四百八十一号、関西障害者定期刊行物協会、一九九八年、七ページ

(20) 八幡隆司「宮城・岩手の被災障がい者支援活動のこれまでと現在」、前掲「福祉労働」第百三十一

号、四九ページ
(21) 同論文五〇―五一ページ
(22) 同論文五一ページ
(23) 前掲「東日本大震災における障害者支援の今後の課題」二〇ページ

第4章　阪神・淡路大震災での障害者支援が提起するもの

野崎泰伸

はじめに

本章では、主として阪神・淡路大震災直後の混乱期の神戸での障害者支援について、震災以前に存在していた当事者による運動こそが、支援を可能にしたことを示していく。震災を経験することで、この運動が主張してきた「切り捨てられてもいいいのちなど存在しない」ことがより如実に示されてしまったというのは、非常に逆説的ではある。しかしながら、それ以上にこのような事実が知られていないのであれば、まずは知らしめる必要がある。

本章の構成と流れについて簡単に述べておきたい。第1節では、私自身の震災体験を綴った。それは、一人の障害者としての私の経験を伝えることで、より多様な被災体験を読者のみなさんに伝えたいからである。第2節では、障害者の被災があまりにも「語られなさすぎる」ことを指摘し、そのことについて考えた。第3節と第4節では、阪神・淡路大震災と障害者による復活・救援活動について述べた。第3節では震災後に現出してきたように見える問題が、実は震災前から存在していたことを示した。第4節では震災前から存在していた神戸を中心とする障害者運動について簡単にふれた。障害者運動に関しては、今後さらに深く描かれるべきものである。最後に、第5節で、表題の「提起するもの」が何であるのかについて述べる。

二〇一一年三月十一日に起きた東日本大震災と、その後の東京電力福島第一原発事故では、その被害が広範かつ深刻なものであり、本章で考察する阪神・淡路大震災とは直接には比べることができないかもしれない。しかしながら、大きな社会構造の問題として、「誰か／何かの犠牲、すなわち切り捨てられてもいい生を前提とした社会の問題」であるところは、まさに阪神・淡路大震災で障害者が捨て置かれてきた構造の問題とまったく相等しいのである。本章では、こうした視点を切り口に、災禍をくぐり抜けてきた／ただなかにある障害者の生から社会の問題を考察する。

阪神・淡路大震災によって、神戸を中心とする地域の障害者も被災した。しかし、その人たちの被災については多くが語られることはなかった。避難所には車いすの障害者が入れず、視覚や聴覚に障害を有する者は情報から取り残され、知的障害者や精神障害者は避難所内のコミュニティから排除された。震災によって大切にされたのは、障害者のいのちではなかった。平時に捨て置かれている障害者のいのちが、有事の際にはその排除が露骨なかたちで現れた。そして、残念ながら、東日本大震災やその後の原発事故でもそれは反復されている。(1)

1　極私的被災体験

まず、私自身が阪神・淡路大震災で激震地区だった神戸市東灘区に居住していた障害者本人であるため、その経験を綴っておきたいと思う。

震災前夜の一九九五年一月十六日、私は翌日提出予定の「確率論」のレポートをまとめていた。当時私は神戸大学理学部数学科三回生で、前年夏に神戸に下宿したところだった。実家は尼崎であり、神戸大学まで通えないことはない。しかし、大学一年から関わることになった神戸の障害者たちの自立生活を目の当たりにし、私自身もなんとか親を説得して一人暮らしを始めた矢先の出来事だった。

日付が変わって十七日、レポートが終わって寝たのは午前三時だった。十七日の授業は昼からなので朝はゆっくり寝ることができる、そう思っていた矢先、ベッドの上の私を激烈な縦揺れ、横揺れが襲って眠気を覚ました。窓から差す街灯からの光の位置、影の範囲がいつもとは違い、不思議に思い、夜明けを待った。地震直後には、地震だと気づかないほど動揺していた。

家の中が言葉もないほど散らかっていた。地震だとすぐに気づいた。とにかく玄関まで行った。そして、ドアがきちんと開くか確認した。ベッドからドアまで進むにも苦労した。幸い居住していたマンションは大丈夫なようだった。

手元の携帯ラジオをつけた。ラジオのアナウンサーも余震のたびにうろたえていた。私が住んでいた地域が激震地区（震度七）だったことにも驚いた。家の中をとにかく整理しなければと思い、余震がやまないなか、倒れた冷蔵庫やテレビ、食器棚などを起こし、ガラスの破片を片づけた。気づくともう昼を過ぎていた。近くで火災のにおいもしていた。救急車や消防車の音もやむことはなかった。

一段落して表に出た。そこで目にしたのは見るも無残なありさまだった。下宿してからいつも行っていた家の目の前のスーパーの一階がなくなっていたのだ。一階がつぶれ、二階が一階になっていた。驚いたのは、すぐ隣の同じようなマンションが倒壊していたことだった。そこの住人だろう若い女性が一人、そのマンションの前で毛布にくるまって泣いていた。とにかく私は食料を求めに近くのコンビニに行った。行く道すがらにも倒壊した家が点在していた。これはすごいことになるぞ、と直感した。当然、コンビニに食料はない。ガラスが割れた、誰もいない「空の」店舗がただそこにあっただけだった。

ラジオの情報によって避難所らしきものがあるらしいことは知っていた。私は、避難所になっている近くの小学校に行った。校門の前で、近くに住んでいた知り合いの精神障害者のTさんに出会う。Tさんは「野崎さん、ここは障害者が避難することができないし、配給も終わったところ。一緒に六甲デイケアセンターに行こう」と言ってくれた。その前に、Tさんの家にも「案内」してもらった。一見家だとはわからないほど壊滅的な被害を受けていた。おそらく所得保障も十全にはなされていなかったTさんは、安い借家にしか住めなかったのだろう。そして私たちは六甲デイケアセンター[2]（以下、六甲と略記）を目指した。

六甲とは、神戸市東灘区にある障害者の昼のたまり場のようなものである。私も先輩に連れられ、大学一年から関わっていた。私が行ったとき、すでに障害者メンバー、職員、関わっていた近くの被災学生などが十人ぐらい避難していた。通所しているメンバーの救出にいっている人もいた。六甲は大阪にもネットワークがあり、震災当日の夜には大阪から支援物資が届いた。物資を届けにきてくれた人は、西宮北口までは電車で、それ以西は線路を歩いてきたという。西宮、芦屋、神戸と激震地区を歩いてきてくれ、被害の様子を語ってくれもした。夜はろうそくの灯で支援物資をいただいた。職員にろう者がいるため、すべての会話は音声と手話でなされていたのだが、のちに笑い話として語られたのが、ろうそくの光のもと、手話で話すと意外と怖いということだった。

二日目、支援物資も次々に届けられる。届けてくれた人とも一緒にいくつかの部隊に分かれ、被災した障害者の見回りにいった。私は、神戸大学で支援団体を発足するという話を聞いたので（のちの神戸大学学生震災救援隊[3]、神戸大学総合ボランティアセンター[4]）、そこの集まりに参加した。

その夜、大阪で被災障害者の避難所[5]を用意したという話を聞いた。私は、先陣を切って避難することにした。その翌日、近くの生協が開いたことを聞きつけ、六甲が当座必要なものを私ともう一人の障害者とで買い出しにいった。私はその後、六甲の車で数人の障害者家族とともに大阪に避難することにした。

神戸市内はいままで見たこともないような光景で、車も迂回を余儀なくされた。けれども、西宮を過ぎたあたりから、ところどころに倒壊の爪痕はあるものの、徐々に建物が並び始める。そして、震度四だった大阪市内の震災から三日目の姿は、ほぼもとどおり、電車も通常どおり運行していた。私は、このあまりにも違いすぎる光景に吐き気を覚えた。

大阪の避難所に着いた。ここで私ははじめて実家に連絡をとった。実家も倒壊は免れたものの、のちに取り壊したほど内部の破損がひどく、全壊認定を受けることになった。家族は以前住んでいた父親の社宅に避難しているらしく、また、尼崎市内は交通機関やライフラインに支障はなかったことから、大阪にいても一人分の食料を食いつぶすだけだと考え、私は家族の避難先に身を寄せることにした。神戸の下宿先に戻ったのは、新学年が始まる四月のことだった。

四月からは、大学に通いながら、新開地に事務所があった自立生活センター神戸Beすけっと[(6)]で事務のアルバイトをすることになった。障害者福祉行政もいまだ混乱していたので、事務仕事が非常に大変だった。仕事終わりに、事務局長に連れられて兵庫区の須佐野公園にあった被災地障害者センター[(7)]のボランティアたちと夕食を食べたりしていた。その後、一九九六年六月(当時大学院生)から、被災地障害者センターでアルバイトをすることになり、翌九七年三月、大学院を中退し、四月からセンターの専従職員として働くことになった。

2　被災障害者の実態から――語られず、騙られるという問題

とにかく、阪神・淡路大震災では、障害者の声は聞かれなかったという一点に尽きる。前述のT

さんが「ここは障害者が避難することができない」と言ったように、小学校などが避難所になった場合、障害者はそこへ「避難」さえできないことが知られていなかった。今回の東日本大震災でも、まったく同じことが起きていた。肢体・視覚・聴覚に障害がある人たちは避難所の設備がアクセスしづらいものであり、また、知的に障害がある人やその家族は、奇異ととられる言動への周囲からの偏見に悩まされた。さらに、精神に障害がある人たちは、避難所のような人が多い雑然としたところで心身が休まることも到底なかった。このような理由から、半壊あるいは全壊に近いような状況でさえ、余震の恐怖に身を震わせながら自宅で過ごさざるをえない障害者が多く存在した。すなわち、一般の避難所が、障害者にとってはそもそも避難所でさえなかったわけである。また、せっかく抽選に当たった仮設住宅が障害者にとっては不便であることも大きな問題になった。にもかかわらず、障害者たちはより不可視化され、必要な支援について世間で語られることはなかった。

ここで、世間では語られないということの意味について考えてみたい。平時でも社会の周縁に追いやられている障害者の存在が、有事の際にはより不可視化される。つまり、常に「社会にいないとされている」「社会にいてはいけないとされる」障害者の存在について、普段から意識されることはほとんどない、その状況が震災でよりあらわになったのである。教育という場で、就労という場で、そしてそれらを含むあらゆる社会生活の場で、はたして障害者が排除されていないといえるだろうか。

語られない存在は、「不気味なもの」でもある。私たちはそのときどうするか。多くは「不気味なもの」に対する一方的な、社会に流布しやすい物語を作り、それをあてがう。そして、それが

「真実」だろうが「偏見」だろうがどうでもいい。私たちが「不気味なもの」に迫りこられる恐怖から逃れたいだけなので、その内容は、乱暴にいってしまえばどんなものでもいいことになる。そのとき私たちが目指しているのは、「不気味なもの」に対する理解や「不気味なもの」とともに生きよう、ということではなく、「不気味なもの」が私たちに与える「物語の欠如／不在」を埋めるために私たちが安心できる物語を勝手に作り上げて、「不気味なもの」をそこに押し込めてしまうということなのである。つまり、世間で語られない存在は、私たちによって誤解と偏見をもって騙られてしまうのである。私たちの社会に語られない存在の居場所がほとんどないのであれば、誤解や偏見をもって遇するなというほうに無理がある。こうして、世間で語られないということと、誤って騙られることとが同様の相貌をもつものとして現れてくるのである。

3 阪神・淡路での障害者：1——障害者による復活・救援活動

しかし、そのような「語られない存在」を掘り起こし、避難所や倒壊寸前の自宅に救援に入って必要な支援をし、場合によっては行政交渉に赴いたのは現地で被災した障害当事者だった。彼らが大阪や神戸に、あるいは全国にもっていたネットワークを生かし、また新たに被災地に入ったボランティアを組織したのである。神戸や西宮などでは、震災当日から現地の被災障害者や彼らに関わっていた近隣の人々が救援活動をおこなった。やがて、大阪に被災障害者の一時的な避難所として兵庫県南部地震障害者救援本部[8]が設置された。現地神戸では、一九九五年二月二日に、全国から駆け付けたボランティアを組織して兵庫区の須佐野公園にプレハブ拠点を建て、被災地障害者センターを立ち上げた。

その際、貴重な資料になったのが、姫路在住の大賀重太郎が震災直後から出し続けたファクス通信である。大賀自身が鉄道網や道路の寸断によって現地入りが不可能だったため、非常につながりにくい固定電話や、当時普及し始めていた携帯電話を駆使して現地の情報を仕入れ、被災障害者の状況などを全国にファクスで送信した。[9]この大賀の情報が、被災地では被災障害者の把握や救援に非常に役立つことになった。またそれとは別に、前述したBeすけっとでは、これまた当時広がりをみせていたパソコン通信のボランティア情報にアクセスし、さまざまな情報を得た。

震災を経験してわかったことは、普段から社会から捨て置かれている障害者たちは、震災のような「有事」には、適切な介助がよりいっそうなされないということだった。震災は、障害者を「弱者」として捨て置いている社会のあり方を明らかにしたといえる。その結果として、障害者により多く震災のしわ寄せがきた。「震災はこれまでの日本社会の差別構造を浮き彫りにし、障害者、高齢者、在日外国人など「社会的弱者」に火の粉が降りかかったことは紛れもない事実だ[10]」。例えば労働できない障害者の多くは生活保護を利用しながら暮らしているが、その水準は「最低限度」と呼ぶにも遠く、したがって木造の古い借家やアパートに住まざるをえない。そのような社会構造で、誰が真っ先に震災の犠牲になりやすいかはすぐにわかることである。障害者にとっては「平時」などは存在しない、「平時」もまた「有事」なんだ、といえるのかもしれない。

そのことは、被災地障害者センターの活動経緯を見てもわかる。当初は、「被災障害者、高齢者の家庭訪問」から始まり、「ガレキの撤去、引越しの手伝い、避難所での障害者・高齢者の介助、被災障害者家庭の緊急避難所確保など」[11]をおこなっていたが、その活動は日を追うごとに変容する。もとから住みづらいのなら、震災前に戻したところで意味がない。

震災を契機に設立された被災地障害者センターだが、緊急時という非日常が過ぎ、日常生活支援に入って三年目も活動を続けている。生活は連続していて、どこまでが震災後の支援と括ることはできない。障害者が生きにくい、差別されている社会が存在する限り、当事者と支援者の共同作業で発信していくことは不可欠だ。私たちは、地域に住む市民として、震災が起きようと、障害者が分けられない・差別されない社会を作っていかなければならない。それが、被災地障害者センターが訴えつづけたいことなのだ。[12]

被災地障害者センター最初期から活動し、自らの看護師（当時）経験をもとに障害者や高齢者に対し丁寧に向き合った三上朋子は次のように述べる。

緊急支援活動をしていく中で、障害者にとって、介護者不足は地震以前からある問題で、震災による新たな問題として生活再建をしていかなければならないことです。このことからも、継続した日常生活支援が必要であると感じています。[13]

こうした語りからも、障害者にとって震災に強い社会というのは、もともと障害者を不可視化しないような社会だといえるのではないだろうか。そうだとすれば、障害者が可視化されるような社会、つまり、障害のある人たちが当たり前に地域のなかで暮らしていけるような社会制度を整備することこそが、障害者にとっての震災からの本当の復興を意味するのだと考えられる。

4　阪神・淡路での障害者：2――震災以前の運動の存在

阪神・淡路大震災後での障害者による力強い救援活動は、震災直後に突然湧いて出たものではない。それを可能にした背景があったからこそ、震災後に障害者たちは仲間への救援や地域での炊き出し活動が継続してできたといっても過言ではないのである。

関西、とりわけ震災に襲われた神戸や近隣の姫路、西宮、それに大阪では、一九六〇年代後半から障害当事者の粘り強い運動があった。特に、六六年から兵庫県がおこなった「不幸な子どもの生まれない運動」に対して、兵庫青い芝の会を中心とした障害当事者運動は猛然と批判した。[14]

兵庫県内の障害者運動の特徴はいくつかあるが、互いの場から発生した運動がゆるく連携しあっていることが、大きな特色としてあげられる。障害がある人の兄弟姉妹の団体である神戸きょうだい会[15]の松村敏明は、教員の立場から、障害児の就学支援――基本的に統合教育（インクルーシブ教育）を推進している――のための電話相談を始めた。それが現在の社会福祉法人えんぴつの家[16]の原型になっている。松村はえんぴつの家の理事長としての職務をこなし、きょうだい会は長田区にあるくららべーかりー[17]を中心に活動している。中央区にあるえんぴつの家には、本部、パン工場、知的障害者のデイケアセンターがあり、神戸大学の学生などとも交流を深めている。また、えんぴつの家は、兵庫青い芝の会の澤田隆司の昼間の介助体制の確立を当初の目的として、東灘区に身体障害者のデイサービスセンター・六甲デイケアセンターを開所する。このように、親・きょうだいによる運動、当事者による運動、そして教員だった松村をも巻き込みながら、神戸での当事者主体の運動を作り上げてきた。兵庫県や神戸市内の障害者運動の歴史的経緯や行政交渉の経緯は、今後より詳細に記録される必要が大いにある。

それらの運動を、行政交渉ができる運動団体として、当事者主体を原則にしながらまとめているのが、国際障害者年を契機に設立された障害者問題を考える兵庫県連絡会議（障問連[18]）であり、前述の大賀は長らく障問連の事務局長を務めた。障問連は自治労兵庫県本部の関連団体でもあり、その関係で兵庫県内のほかの反差別運動（部落解放同盟や在日韓国・朝鮮人の運動など）とも連携を図っている。また、自治労兵庫県本部障害労働者の会とも緊密な関係を保つものでもある。震災以降、被災地障害者センターの責任団体としても障問連は名を連ねることになった。これは、被災地障害者センターが当時任意団体扱いだったため、拾い上げた被災障害者の声を行政に提出するとき、都合が悪かったためである。大賀を介して責任団体となった障問連が、被災障害者の声を集約する方法をとり、被災地障害者センターと連名で神戸市、兵庫県、さらには厚生省（現・厚生労働省）に要望を出した(19)。

このように、震災以前からあった障害者運動のネットワークによって、「障害者による復活・救援活動」は被災障害者の復活のために尽力し、当事者発のオリジナルな復活を目指すことになる。従前のネットワークがなかったりまばらだったりしたならば、復活はより遅いものになっていただろうことは容易に推測できる。

しかしながら、実際に運動の力が強かったとはいえ、「運動があったから障害者が早く復活できた」と述べるのは、また別の問題をはらむことも指摘しておかなければならない。運動の主体である障害者に、はたして障害者を排除する社会を変える責任や義務はあるのだろうか。そう考えたときに、単なる運動の称揚が、その意味するところを超え、「障害者は声をあげなければいけない」というように転換しないかについては、細心の注意が必要だといえるだろう。運動を続けなければいけないことそれ自体が、社会に「敗北」していることでもある。本当の意味での運動の「勝利」とは、運動など必要がないような社会が実現することだろう。確かに震災以前の運動の存在のおかげで被災障害者へのニーズも把握できたことは事実であるにしても、運動しなければならないのは決して必然であるわけではないし、またそうあるべきではないはずである。ここは混乱しやすいところでもあるので、注意を喚起する意味でも記しておく。

5　いのちの線引きの正当化に抗する――結びにかえて

本章では、阪神・淡路大震災での障害者支援のありようを述べた。実際の支援の現場を追っていくと、震災の有無にかかわらず日頃から排除され続けている障害者たちにより多くの災厄があったことがわかった。その一方で、日常的な障害者との付き合いや、障害者差別に反対する運動が根づいているところでは、「障害者による復活・救援活動」が展開できたといえるだろう。

それでは、阪神・淡路大震災や東日本大震災、原発事故を経験してしまった私たちが望むような「あるべき社会」とはいったいどういう社会なのだろうか。震災の問題というのは、いのちに関わる問題であり、震災や原発事故で噴出した問題というのは、ほぼすべてがそれ以前から抱えていた問題であって、それが露呈したにすぎない。これは、言い換えれば平時のいのちの線引きの正当化が、より露骨なかたちで現れたというところに大きな問題があると考えられる。いのちの大切さを語ることは確かに必要ではあるが、「マジョリティや政府にたてつかない人たちのいのちが優先されるべきである」というようにすり替えられてしまっているとしか思えない、ということである。とりわけ原発事故や放射能による汚染は、いのちの犠牲という問題に直結する。障害者だけではなく、例えば原発労働者が抱えるような差別の問題なども、同じような構造のもとにある。この社会の構造が、「切り捨ててもいいいのち」を是認しているかぎり、こうした災厄は必ず反復されるだろう。なお、東日本大震災で障害者が置かれた状況や復活については本書の別章（第1章、第2章、第3章、第6章）で記述している。原発事故をめぐる優生思想の問題に関しては当座、拙稿[20]を参照されたい。また、原発や放射能汚染による犠牲の問題は非常に重要な主題ではあるが、本章では扱えない。いずれ別稿で議論を展開したい。

本当の意味で復興をなしとげようと思うなら、誰か／何かを犠牲にして社会を存立させること自体をやめなければならない。犠牲を強いられたりするような、あるいは自発的な犠牲へと追いやられるような、例えば尊厳死や安楽死の問題にも直結する社会構造があるかぎり、いのちの犠牲は続いていくということである。いのちの犠牲を前提にしたような社会では、「いのちを犠牲にされてもいい生」、すなわちマイノリティから切り捨てられていくわけである。そのような構造から脱却しないかぎり、私たちにはいつまでたっても真の復興はなしとげられないのではないだろうか。「震災を通して私たちは、障害者が地域住民と肩をならべてあいさつを交わすような地域こそが、災害に対してどんな住民をも守る地域であることを、あらためて認識した[21]」。十五年前のいささか情緒的な叙述に付け加えるなら、このような地域を可能にする制度政策が整備されてこそ、どのようないのちも犠牲にしない社会だといえるのではないだろうか。繰り返しになるが、阪神・淡路大震災以前の神戸での障害者運動の存在が、そのような社会構造を問うものだったからこそ、力強い「障害者による復活・救援活動」のビジョンが描けたことは、決して忘れられるべきではない。

注

(1) 小松原織香/野崎泰伸/中嶋悠紀子「いま、阪神大震災を語るということ」「哲学喫茶瓦版」二〇一三年三月号、カフェフィロ。障害者だけでなく、在日外国人や女性、被差別部落に居住する者や出身者など、マイノリティたちの被災もまた、甚大ではあったがあまり取り上げられることはなかった。

(2) 六甲デイケアセンターでは、「「在宅障害者」と呼ばれる人たちの自立支援に長年取り組んできました。「どんなに重度でも地域で生きる」を目標に、現在ほぼ全員の方が二十四時間介護体制を組んで自立生活を送ったり、グループホームとディサービスを併用したりして暮らしています。決まったプログラムはなく、一人一人の自主性を大切にして相談しながら活動内容を決めています」(http://enpitsunoie.com/information/六甲デイケアセンター)〔二〇一五年八月十九日アクセス〕

(3) 「阪神・淡路大震災の際に救援活動を行っていたメンバーによって結成された団体。現在も「地震によって浮き彫りとなったまちに潜む問題」をはじめとする様々な問題を再度埋もれさせないために活動を続けている」(「きゅうえんたい通信 電子版」〔http://www.qqqlove.info/〕〔二〇一五年八月十九日アクセス〕)

(4) 「総ボラは阪神大震災をきっかけに設立され、たくさんの人のボランティア活動を応援しています」(「神戸大学総合ボランティアセンター」〔http://kuvcsince1995.web.fc2.com/〕〔二〇一五年八月十九日アクセス〕)

(5) 「大阪市立早川福祉会館」(http://www.fukspo.org/hayakawa/)〔二〇一五年八月十九日アクセス〕

(6) 「神戸市内を中心に、障害者が地域で当たり前に生活していける社会を実現するために活動を行っている団体です。当会では、障害者がありのままに生活したり、障害者ゆえに奪われた経験を取り戻すための取り組みを行ったり、行政への提言や交渉に参加したり、サポートステーションBeすけっとと共同して自立生活に向けた相談に乗ったり、介助者を派遣するサービスを提供するなどして、会員相互のサポート活動を、当事者スタッフを中心に行っています」(自立生活センター神戸Beすけっと「会員・アクセス」〔http://www.kobe-biscuit.jp/member.html〕〔二〇一五年八月十九日アクセス〕)

(7)「拓人こうべ(旧名称:被災地障害者センター)は、一九九五年の阪神・淡路大震災後、障害者自身による救援活動の拠点として活動を開始しました。その後は緊急支援から緩やかに生活支援へと活動内容を障害当事者の必要に応じて変えていき、一九九九年には特定非営利活動法人となり、現在に至っています」(「拓人こうべ」〔http://www.takuto-kobe.net/〕〔二〇一五年八月十九日アクセス〕)

(8)「障害者救援本部も、地震の四日後、一月二十一日に発足をしたのですが、この日はたまたま各地の障害者ネットワークが大阪で集まる予定があり、被災地の障害者救援ネットをつくる会議になったものです」(兵庫県南部地震障害者救援本部編「KSK兵庫県南部地震障害者救援本部活動の記録――忘れない心が私たちの心」「KSK」第千二百五十七号、関西障害者定期刊行物協会、一九九七年、二ページ)

(9)「OZの箱」のこと。「姫路市在住の大賀重太郎さんが、地震発生の直後から被災地の障害者の安否確認を求めるFAX通信『OZの箱』を発信」(「ゆめごよみ風だより」〔http://yumekaze.in.coocan.jp/letter/issue028/03.html〕〔二〇一五年八月十九日アクセス〕)

(10)野崎泰伸「大震災後、三年目を迎えて――被災地での現在までの取り組みと今後の課題」「福祉労働」第七十四号、現代書館、一九九七年、一五八ページ

(11)野崎泰伸/三上朋子「三年目、つながりをありがとう、そして、これからも――被災地障害者セン

ターの活動と今後のまちづくりに向けて」、「特集 障害者と大震災の後遺症」「リハビリテーション」一九九七年十月号、鉄道身障者協会、二六ページ

(12) 同論文二七ページ

(13) 同論文二八ページ

(14) 野崎泰伸『生を肯定する倫理へ――障害学の視点から』白澤社、二〇一一年、三八―三九ページ

(15) 「一九六五年五月、兄弟姉妹に障害をもつ者が集まりました。悩みを語り合ったり、学習会をしたり遊んだりしました。そして、私たちにも何かができる、何かしなければならないと、歩みだしました」(「神戸きょうだい会」〔http://kurara-b.com/kyodai/〕[二〇一五年八月十九日アクセス])

(16) えんぴつの家では、「日中活動と生活の場と、障害者の地域生活を支えていくことに取り組んでいます」。(http://fields.canpan.info/organization/detail/1589142239)〔二〇一五年八月十九日アクセス〕

(17) 「もともとは一九九四年四月一日に同じ長田区の山吉市場にオープンしましたが震災後の区画整理で一九九八年四月十一日今の場所に移転しました/神戸市長田区の「くららべーかりー」では、五人の障害者が、毎日楽しくパンを焼いてます」(NPO法人ネットワークながた くららとさくら くららべーかりー「くららって?」〔http://kurara-b.com/〕[二〇一五年八月十九日アクセス])

(18) 「兵庫県において障害者の基本的人権の確立ならびに地域社会で共に生き共に学び共に働く社会の構築を目指します」(「障害者問題を考える兵庫県連絡会議~障問連~」〔http://shoumonren-hyogo.jp/〕[二〇一五年八月十九日アクセス])

(19) 「阪神・淡路大震災『復興計画』に関する要望書」、前掲「KSK兵庫県南部地震障害者救援本部活動の記録」一〇四―一一一ページ

(20) 野崎泰伸「「障害者が生まれるから」原発はいけないのか」、「特集 よりよい「生命」とは何か」

『部落解放』二〇一二年一月号、解放出版社

(21) 野崎泰伸「地域で当たり前に生きる社会をめざして——被災地障害者センターの活動とこれからの展望」、「特集　とりのこされた復興　大震災四年目の現状」「ひょうご部落解放」第八十一号、ひょうご部落解放・人権研究所、一九九八年、一一ページ

第5章　数え上げの生存学に向けて

――福島第一原発事故をめぐる高齢者たちの生存

天田城介

1　現代日本社会を映し出す「根なし草」的社会関係

イギリス人で明治学院大学国際学部教授を務める社会人類学者のトム・ギルは、同じく人類学者であるブリギッテ・シテーガとデビッド・スレイターとの編著『東日本大震災の人類学』(1)を刊行した。彼らのもともとの専門は日本研究であり、震災に関する論考としては今回が初めてである。もちろん、かの大震災に衝撃を受け、自らがこの問題に取り組むこと自体は珍しいことではない。そのような経緯から大震災の研究に着手した日本の研究者も少なくない。

実際、ギルは所属先の研究機関である明治学院大学国際学部付属研究所の紀要の報告で以下のように記す。「二〇一一年三月十一日、私はイギリス・オックスフォードにいた。サバティカルの最後の一カ月だった。イギリスのテレビで津波と原発の水素爆発という恐ろしい場面を見て、すぐ頭に浮かんできたのは「被災したコミュニティを研究しなきゃ」ということだった。現代日本社会を研究対象とする者なら、大震災を無視することはできまい[2]」。日本に長く暮らすギルが大震災を研究しなければという使命感に突き動かされるのはまったく不思議なことではない。日本の研究者がそうであるように、ギルも被災地を訪れ、徹底的に現地を調査しようと思うことは至って〝ノーマル〟である。

私がことのほか気になったのは彼の「被災したコミュニティを研究しなきゃ」という言葉である。大震災をめぐる主題は数多くあるにもかかわらず、なぜコミュニティなのか。なぜ、「現代日本社会を研究対象とする者なら、大震災を無視することはできない」のか。繰り返すが、それが無視できないとして、どうして「コミュニティ」なのか。このイギリス人社会人類学者は被災コミュニティから現代日本社会の何が浮き彫りになると考えたのか。結論を先取りしていえば、ギルの視点から見て――彼がまさに魅せられ、博士論文の主題として選択した[3]――「ドヤ街」である寿町の日雇い労働者(高齢者)の「根なし草」的状況と、福島第一原発事故の被害を受けた飯舘村の人たち(高齢者)のそれとが二重写しになっていたのではないか、その根なし草的状況をめぐる不平等こそが現代日本社会を照射する〝最大級のテーマ〟だと彼は直感的に悟ったのではないかと思うのだ。

本章では、『東日本大震災の人類学』に収めた論文「場所と人間の関係が絶たれるとき[4]」を読み解いたうえで[5]、それまでのギルが取り組んできた寿町の日雇い労働者の世界との問題関心の一貫性を確認したあと、「大震災のもとでの高齢者の生存と社会関係」がどのようにして可能になってい

るのか、どのような困難があるのか、それは現代日本社会の何を照射するものなのかについて言及したい。(6)

2　福島第一原発事故の被害による飯舘村の人々の社会関係の分断

ギルは、福島第一原発事故によって甚大な被害を受けた飯舘村の最南部にある長泥行政区で震災直後から長期にわたっておこなってきた緻密なフィールドワークから、以下の点を明らかにした。飯舘村は大部分が国が定めた福島第一原発から半径三十キロ避難地域の外にあるにもかかわらず、当初から避難地区に指定されたほかの多くの地域よりも放射線量が高く測定された。飯舘村の村民は当初は避難する必要がないと報告されていたが、震災から八十日が経過した段階で村全体が計画避難区域に指定され、文字どおり翻弄された。そのような事態にあって、環境運動家でもあった飯舘村の村長は、村の除染と早期帰村を強調してきた。しかし、ここでの大問題は、同じ飯舘村にありながら山林のなかに点在している二十の集落の間で、一時間あたりの空気中の放射線量の値が大きく異なっていたことだった。避難する必要がなかったはずの集落もあれば、数十年は人が住めない可能性が高い集落もある。後者のような集落では除染はもはやほとんど不可能であり、除染のための膨大な費用をむしろよその場所で新しい人生のために使うべきだという住民の主張さえ出てくる。その社会的帰結として、故郷を愛するがゆえに放射線量の値が低く測定されることを願ったり、低く測定されるように草を刈るなどして、少しでも早く村に帰りたいと願う人たちと、村にはもはや帰れないなら放射線量を徹底的かつ多角的に測定したうえできちんと損害賠償を要求し、生活を再建していくことが可能な補償額を受け取れるようにすべきだと考える人たちの間で飯舘村の社会関係はズタズタに引き裂かれていく。

アンケート調査で見られる村民の〔現状では帰村することができないのではないかという：引用者注〕疑念を尻目に、村と国は大金をかけて本格除染に取り組んでいる。村長は人と場所の関係性にあくまでも執着しているため、事故直後は避難を渋った。仕方なく避難したが、なるべく避難者が村から車で一時間以内の距離に住むようにし、避難期間を最短にするよう国と協力した。しかし皮肉にもこの政策の結果として人間の共同体としての飯舘村が潰され、村民がバラバラになる可能性が高い。

なぜなら、まず第一に、右に見たように村の山林を人が満足できるほど除染できる可能性は少ない。そして山林を除染しない限り雨が降るたびに放射能が山から谷に流され、放射能の値がまた上がるだろう。第二に、村民の多くは放射能に関して政府の話をもう信じていない。そのため帰村しても安全であると言われたとして、それが例え嘘ではないとしても信じないだろう。第三に、仮に村民が安全だと信じたとしても、飯舘村とその行政区の名前は汚染された場所として人々の心に残ってしまった。スティグマと呼んでも穢れと呼んでも、概念的な汚れが消えることはない。村民が、それにともなう差別を避けたいのは当然のことである。第四に、放射能は大人よりも未成年に危険があるのはよく知られており、先の問題は子どもがいる世帯にとっては特に深刻であるため、彼らはまず帰らないだろう(7)。

村全体が除染される可能性はほとんどない。ならば山林はほとんど手付かずになるから、降雨や降雪のたびに谷に放射線が流されてくるので村にはやはり住めないと村民の多くは判断する。また、放射線量の数値にはバラつきがあり、雨樋や窪地や草木が生えている場所などは放射線量が高くなるだろうから、政府が公表する数値に対しても疑心暗鬼になる。そして、仮に村に帰って農業などの仕事に従事したとしても風評被害も含めて商売にならず、食べていくことができないのであれば、むしろ新たな場所で仕事を見つけるほうが合理的となる。特に、子どもがいる家庭では仕事がないうえに、我が子の安全を考えるのであれば、村に帰る選択肢はおのずと消さざるをえなくなる。こうして「損害賠償の支給が打ち切られても、村民の多くは村に帰る見込みはない。帰るのは（1）生まれ育ったふるさとに骨を埋めたい老人、（2）村にある自宅以外の住居を借りるまたは買うことのできない貧困者、である。飯舘村はいっきに限界集落になり、人口は事故前の一、二割、高齢者が多く子供がほとんどいない村となる。そして残りの八、九割の村民はバラバラになる(8)」。そして残された高齢者と貧困者たちは生活保護を受けるか、行政や東京電力からの補償によって生きていくほかない。いうなれば「原発の町」が「福祉の町」になってしまうのだ。

より正確にいえば、このように原発事故の被害をめぐって社会関係がズタズタに引き裂かれ、バラバラになっていくというだけではない。実は、避難を余儀なくされた段階からすでに飯舘村の人々、とりわけ高齢者の社会関係はズタズタに切り裂かれ、共同体はバラバラになっていたのだ。そして、避難することによって数え上げることができないほど多くを失ってしまったのである(9)。

3　飯舘村の人々の社会関係のさらなる分断

実際、原発事故に伴って南相馬市に避難した長泥地区の高齢者たちの仮設住宅での様子を二〇一二年一月十七日付の「福島民報」は以下のように伝えている。

飯舘村長泥地区で生まれ育った清水アイ子さん（七十六）は昨年十月から福島市の松川第二仮設住宅で一人暮らしだ。長泥では三世代七人のにぎやかな毎日だったが、原発事故に伴い息子夫婦と南相馬市に避難した。長泥以外で暮らしたことはない。見知らぬ土地の生活で気苦労が絶えなかった。村の知人が多くいる仮設住宅に移ることを選んだ。

しかし今度は家族と離れた寂しさが募った。携帯電話で家族らと話す時間が増えた。「息子が通話料金を支払ってくれているが、相当な金額になっているはず」と細い声で言う。

村では自宅前の畑で取れた野菜がみそ汁の具になった。今は何でもスーパーで買わなければならない。新聞も読みたいが、少しでも切り詰めたいので手が出せない。

村では畑仕事で汗をかいていた。今は体を動かす機会も減った。高血圧と診断され、毎日薬を飲んでいる。夜は「生きているうちに長泥に帰れるのか」と考え込んでしまう。毎晩、精神安定剤を飲んでから布団に入る。膝痛の薬も朝夕欠かせない。薬のせいだろうか、朝は口の中が異常に渇いていると感じる。村で千七百だった世帯数は避難で二千七百に増えた。計画的避難でまず小さな子どもを抱える若い世代が通学に便利な川俣町の小学校周辺の借り上げ住宅に移った。働き盛りは職場に近い福島市などの借り上げ、多くの高齢者は仮設住宅を選んだ。大家族が離れ離れになり、仮設の住民の四五％を高齢者が占める結果となった。一人暮らしの孤立感に悩む人も増えた[10]。

故郷から避難せざるをえない。仮設住宅は手狭だし、職場や学校との距離などから子育て世帯や働き盛りの世帯は高齢者と別に暮らさざるをえない。村で三世代同居していた高齢者は慣れない孤立した日々を過ごす。子どもがいる若い世帯は学校周辺の住宅に住み、働き盛りは福島市などの地方都市周辺に住むため、高齢者は仮設住宅を選ぶことになる。三世代同居をしていた家族が離ればなれになり、仮設住宅や災害公営住宅で独居ないしは夫婦世帯の高齢者が圧倒的に増加した。それに伴い、かつてであれば所有する必要さえなかった携帯電話や家電製品をもつことになり、その料金の支払いに気をもむ。畑で取れていた野菜などをわざわざスーパーで購入せざるをえない。畑仕事がないので、体を動かすこともない。時間をもてあまし、健康状態もすぐれない。将来を考えると、強烈な不安に襲われる。避難を余儀なくされることによって、飯舘村の高齢者たちはこのような圧倒的な不安を抱え込むことになるのだが、それを支えるべき社会関係は一気に消失してしまったのだ。加えて、災害公営住宅にいた若年世代は賠償金などを元手に自ら住宅を再建しようとするため、結果的に災害公営住宅などでは相対的に高齢者だけが残される。[11] そして、各種支援団体なしでは社会関係が保てないほど、高齢者の世界はさらにズタボロになっていく。

そんな社会関係の消失（根なし草状態）に強い不安や葛藤を感じるがゆえに、若年世代の多くが帰村することはできないと思っているにもかかわらず、高齢世代は帰村を考えてしまう。被災や避難を通じて失った社会関係を故郷に帰ることで「穴埋め」しようとする。そして、その社会的帰結として、さらなる（故郷で暮らすことの実にささやかな精神的安定と引き換えに）大きな不安と孤立を生きざるをえない。かくして原発事故の被害にさらされた飯舘村、とりわけ長泥は高齢者と貧困者を支える「福祉の町」になる。そこは社会関係をズタボロにされた高齢者たちがかろうじて生きていく「地域」として構成されてしまうのだ。

4　寿町での日雇い労働者たちのギリギリの社会関係

ギルはこのように、原発事故の被害にあった地域の高齢者たちの世界が、どのように変容してしまったのかを描出した。彼が震災後に「被災したコミュニティを研究しなきゃ」と告白したように、ここで描かれた世界は、彼が一貫して調査を続けてきた日雇い労働者たちとまるで同じ、「根なし草的」社会関係を生きざるをえない世界だった。加えて、日雇い労働者が高齢化と失業を契機に生活保護を受け取ることで、ドヤ街が「労働者の町」から「福祉の町」になったように、被災地域もまた「原発の町」から「福祉の町」に変容していくのだ。戦後日本の経済成長のもとで私たちが「信仰」することが可能だった労働神話・安全神話・分配神話のすべてがほころびをみせ、いまや全国あちこちに悲しき「福祉の町」ができている。イギリス人社会人類学者はまさにこの現代日本社会の変容を読み取ったからこそ「被災したコミュニティを研究しなきゃ」と考えたのではないだろうか。戦後日本型生存保障システムは破綻しているのだ。ギルにはドヤ街と原発被災地域が二重写しになって見えていたにちがいない。

では、ドヤ街と原発被災地域が「福祉の町」になりさがるとして、そこでの人々はどのような世界を生きることになるのか。彼／彼女らの生存の社会関係はどのようなものになるのか。

ギルは編著『東日本大震災の人類学』を上梓した同月、『毎日あほうだんす』[12]を刊行している。ギルが同書で取り上げた西川紀光については紹介する紙幅的余裕はないので割愛するが、ギルは日雇い労働者の世界を以下のように理解している。

アメリカ社会学のシカゴ学派では、たとえ頭の上に屋根があっても、一人で格安のホテルに暮らし、家庭関係と安定した居住がない人を「ホームレス」と見なしてきた。いわゆる「屋根なし」対「根なし」(roofless vs. rootless) 議論の後者の一陣である。「根っこ」(親戚・身内の関係）がないままなのに、生活保護を受けて、居住事情が安定しただけで、人はホームレスではなくなるのか。シカゴ学派はそれを認めないだろう。一方ホームレスではないと強調する紀光が数年前に突然里帰りをしたくなったのは、根っこがまだあるということを確認したかったからかもしれない(13)。

寿町をはじめとするドヤ街のほとんどは「日雇い労働者の町」から「福祉の町」へと変貌を遂げたが、元日雇い労働者＝現生活保護受給者の高齢者たちに共通するのは「根なし草状態」(rootless) を生きているということだ。そんな「根なし草状態」を生きる元日雇い労働者＝現生活保護受給者たちにギルが魅せられているのは、それが「不自由だが安定した雇用」の日本型雇用システムに対して「自由だが不安定な雇用」を生きていたからではない。かつては日本型生存保障システムによってかろうじて生存が可能だったにもかかわらず、今日ではそのシステムが決定的なほころびをみせているからである。いわば戦後日本社会そのものの大きな変化を告げる出来事だからだ。

ギルは一九九七年一月十六日付の「朝日新聞」で、記者から日雇い労働者に関心をもつに至った経緯を尋ねられて、以下のように回答した。

共同通信の嘱託記者をしていた一九八六年一月、東京・山谷の労働者の支援活動家が暴力団員に殺される事件があり、それを取材したのがきっかけだ。日本に抱いていたイメージが大きく変わった。それで記者から研究者へと立場を変え、横浜の寿町を中心に、実地調査をしてきた。（略）終身雇用、年功序列といった日本型経営は世界的に有名で、そうした安定的なシステムが、日本経済の成功につながったとされていた。（略）しかし、一方で、極端に不安定な状態で働いている人たちも存在し、日本経済を支えていたのだ、と痛感した。（略）一般論でいえば、日本のサラリーマンは会社を変わったり、勤務地を選んだりする自由はないが、安定性はある。一方、日雇い労働者は、自由はあるが、安定性が全くない。他の先進国に比べ、与えられた選択肢が極端だ、と思う。(14)

経済成長を背景に可能となっていた戦後日本型生存保障システムのもと、確かに正規労働市場は「不自由な安定した雇用」であるのに対して、日雇い労働市場は「自由で不安定な雇用」ではあった。家族・地域・会社の隷属状態（家畜・地畜・社畜）と揶揄された日本型雇用システムを可能たらしめていた戦後日本型生存保障システムは完全に機能不全を起こし、この国のあちこちに「福祉の町」が遍在することになった。自らの生存は生活保護や損害賠償金や各種の支援金などに依存せざるをえなくなると同時に、自らのズタボロの社会関係は各種支援団体の支援なくして生きられなくなる二元体制が完成している。露骨にいえば、「金」と「関係」の依存性がかつてないほど高まった「福祉の町」が私たちの社会に立ち現れているのである。その社会的・政治経済的・文化的評価は別にして、イギリス人社会人類学者はそれを直感的に「現在」に見て取っているのだ。

5　数え上げの生存学に向けて

確かに私たちの社会に起こっていることは「福祉の町」の偏在化である。生活保障や経済的支援が必要なことは誰も否定しない。人々の「根なし草的社会関係」に対して何らかの支援が求められていることに異議を唱えることもほとんどない。だが、園子温が「全てを数えろ。数値で出せ。あらゆるものを数え上げろ[15]」と詠んだように、私たちはこの社会の変容を何一つ数え上げていない。必要なことは徹底的に数え上げることなのだ。その数え上げが不徹底で堕落しているからこそ問題なのである。ギルは避難者から以下のような言葉を受け取った。

宮城県で津波にやられた漁村はひどい打撃を受けたのは確かだが、せめてその被害の規模はわかっている。誰が死んだ、誰が家をなくした、わかっている。一方我々はどうなるかさっぱりわからない。それが放射能の嫌なところ[16]。

宮城の人はラッキー。被害は大きかったが、もう終わった。誰が死んだ、誰が家を失った、はっきりしている。でもここはまだまだどうなるかまったく分からない。それが放射能の恐ろしさ[17]。

生存学を名乗るならば、まずは徹底して冷酷に数え上げなければならない。もともと震災前に飯舘村のそれぞれの集落の人たちのどのぐらいが三世代同居であり、そうではなかったのか。その人たちにはどれほどの幸福があり、どれほどの不幸があり、どれほどの泣き笑いがあったのかを数えなくてはならない。その人たちの仕事の種類はどれほどあり、収入はいくらで、その格差はどのぐらいで、どれほどの消費をしていたのか。例えば、携帯電話を何人が使い、いくらかかり、誰とどのような内容で通話していたのかを数え上げるべきだ。田畑はどのぐらいの大きさで、作物はどの程度の種類があり、どれほどの収穫高があり、家でどのように消費されていたのかを一つひとつ数えるべきである。村長や区長を支援していた人はどのぐらいで、どのような勢力図があり、どのように無関心だったのかを数えなければならない。原発でどのような利得をどれほど得ていた人たちがどの程度いたのか、逆にどのような損失をどれほど受けていた人たちがどの程度いたのかを数値にしなければならないのだ。ことほどさように、生存をうたうのであればやるべきことはあるのだ。

そして、震災後、どの程度の村の人たちがどれほどの種類の社会関係の変容を余儀なくされてきたのか、そのことでの幸不幸、喜怒哀楽、苦悩と葛藤を一つひとつ数え上げなければならない。仮設住宅や災害公営住宅で若年世代と別居することになった高齢者は何人で、そのことでどれほどの寂しさと孤立があるのかを数値化しなければならない。「根なし草的社会関係」にあるとして、それがどの程度の、どのような種類の根なし草なのかを線引きし、それに伴う利得と損失、効用と負担を数え上げなければならない。そして、現在あるいは将来、避難生活から帰村した人たちがどの程度いるのか、どのようにして帰村したのか、それはなぜか、どのようにしてかを数えなければならない。これだけでもとんでもなく数え上げることはあるが、それでも悲しくなるほど足りない。

では、それらの数え上げが少しでも可能になったところで、今度は、私たちは社会に対してどのような数の政策と対策をどれほど求めるのかをできるかぎり列記して数えてみるべきだ。それらのうち、何がいかに必要であり、必要でないか、現状のなかでは求められてはいるが、なんら根本的な問題解決にはならないのは何かを数え上げるべきである。社会に対して求めるべきことを数え上げないからこそ正確に位置づけることができないのだ。

「「膨大な数」という大雑把な死とか涙、苦しみを数値に表せないとしたら、何のための「文学」だろう。季節の中に埋もれてゆくものは数えあげることが出来ないと、政治が泣き言を言うのなら、芸術がやれ。一つでも正確な「一つ」を数えてみろ[18]」を敷衍するならば、「未曾有の大震災」「甚大な被害」という大雑把にしか表現されていないことを数値に表せないとすれば、何のための「生存学」だろう。時間とともに埋もれていくものは数え上げることができないと政治が泣き言をいうなら、私たちが引き受けるべきである。一つでも正確な「一つ」を数えることこそ、生存学にとって決定的に重要な仕事となる。

注

(1) トム・ギル/ブリギッテ・シテーガ/デビッド・スレイター編『東日本大震災の人類学――津波、

原発事故と被災者たちの「その後」』人文書院、二〇一三年
(2)浪岡新太郎「「排除する社会規範」を超えたコミュニティづくり(最終報告)」『研究所年報』第十七号、明治学院大学国際学部付属研究所、二〇一四年、一二ページ(http://repository.meijigakuin.ac.jp/dspace/bitstream/10723/2150/1/annual_intl_17_3-21.pdf)[二〇一四年十一月一日アクセス]
(3)Tom Gill, *Men of Uncertainty: The Social Organization of Day Laborers in Contemporary Japan*, State University of New York Press, 2001.
(4)トム・ギル「場所と人間の関係が絶たれるとき――福島第一原発事故と「故郷」の意味」、前掲『東日本大震災の人類学』所収
(5)この編著の目的を以下のように記している。「この論考の著者は、皆長い間日本社会を研究していて、本書の各章は、現地での徹底したフィールドワークを基に書かれている。なかにはボランティア活動やルポの取材を通して現地入りした執筆者もいるが、そうした活動をしながら、被災地の事情をできるだけ客観的に見つめようとしている。本書は、大震災という非常事態のなか、被災した個人や共同体が何を選択し、どう自分たちの状況を把握したのかを論じ、具体的な事例にもとづいて、文化的な持続性がどのように働き、また革新的変化がどのように起こったのかを明らかにしようとするものである」(トム・ギル/ブリギッテ・シテーガ/デビッド・スレイター「イントロダクション:3・11を語る」、前掲『東日本大震災の人類学』所収、九ページ)
(6)本章は、本書の紙幅的制約・編集上の都合などの観点から一万字以内に収めなければならないため、ごく粗い記述になることをお許しいただきたい。詳細についてはあらためて報告したい。なお、ポスト三・一一の社会理論として思考すべき課題として、いくつかあげている(天田城介「特集「ポスト3・11における社会理論と実践」に寄せて」「福祉社会学研究」第十号、福祉社会学会、二〇一三年、

七―二一ページ)。

(7) 前掲「場所と人間の関係が絶たれるとき」二三四ページ

(8) 同論文二三五ページ

(9) 本書では紹介できなかったが、飯舘村村長の菅野典雄が記した著書『美しい村に放射能が降った――飯舘村長・決断と覚悟の百二十日』(ワニブックス〈plus〉新書)、ワニブックス、二〇一一年、小澤祥司『飯舘村――六千人が美しい村を追われた』七つ森書館、二〇一二年、千葉悦子/松野光伸『飯舘村は負けない――土と人の未来のために』(岩波新書)、岩波書店、二〇一二年、参照。原発事故に伴う老人ホームでの現実をまとめたものとして相川祐里奈『避難弱者――あの日、福島原発間近の老人ホームで何が起きたのか?』東洋経済新報社、二〇一三年、ほか参照。『人間なき復興――原発避難と国民の「不理解」をめぐって』(山下祐介/市村高志/佐藤彰彦、明石書店、二〇一三年)は本章の論考と重なる部分も多く大変参考になる。

(10) 「苦悩する自治体/飯舘村 (28) 家族分散 募る孤独 生きているうちに帰れるか」「福島民報」二〇一二年一月十七日付 (http://www.minpo.jp/pub/topics/jishin2011/2012/01/post_3029.html) [二〇一四年十一月一日アクセス]

(11) 二〇一五年三月十三日のNHKの報道によれば、災害公営住宅として福島県内に建設された集合住宅に入居した人のうち六十五歳以上の高齢者が半数を超え、うち三人に一人は一人暮らしで、二人暮らしの高齢者も三十九組であり、少なくない高齢者の社会関係が希薄だと報告する (NHK NEWS WEB「原発事故避難者向け住宅 高齢者半数超」二〇一五年三月十三日〔http://www3.nhk.or.jp/news/html/20150309/k10010009191000.html〕[二〇一五年三月十三日アクセス])。

(12) 西川紀光述、トム・ギル『毎日あほうだんす――寿町の日雇い哲学者西川紀光の世界』キョートッ

ト出版、二〇一三年
(13)同書一五五―一五六ページ
(14)「中流意識の虚実 トム・ギル氏(日本経済 世界から見ると:12)」「朝日新聞」一九九七年一月十六日付東京版。一九八六年一月の殺害事件とは、山谷を舞台にしたドキュメンタリー映画『山谷――やられたらやりかえせ』(一九八六年)の監督だった佐藤満夫が殺害されたことを契機に、監督を引き継いだ山岡強一が殺害された事件。八四年十二月二十二日、映画を撮影していた、全共闘運動の担い手であり山谷闘争にも関わっていた佐藤満夫が暴力団・日本国粋会系金町一家西戸組の組員によって刺殺されたことを受け、山谷労働者で全国日雇労働組合協議会(日雇全協)の創設メンバーの山岡がその遺志を受け継いだが、今度はその山岡が八六年一月十三日に暴力団日本国粋会系金町一家金竜組の組員に射殺された。
(15)園子温『希望の国』リトル・モア、二〇一二年
(16)前掲「場所と人間の関係が絶たれるとき」二一三ページ
(17)前掲「イントロダクション:3・11を語る」一七ページ
(18)前掲『希望の国』

第6章　大震災後の地域支え合いの福祉拠点
――地域に開き、地域を取り込む二つの取り組み事例から

石井　敏

1　震災による福祉仮設住宅の設置

東北地方沿岸部に大きな被害をもたらした東日本大震災では、高齢者施設も多数が被害を受けた。認知症高齢者や障がい者のグループホームの被害も大きく、多数の利用者と職員が犠牲になった。

今回の震災では、被災したグループホームの代替施設として、また一般の仮設住宅では暮らすことが困難な高齢者や障がい者のための住宅として福祉仮設住宅が建設された。福祉仮設住宅は災害救助法が定めている応急仮設住宅の一形態であり、建てられたのは、高齢者や障害者のグループホーム（共同居住）を意識したグループホーム型の仮設住宅だった（図1）。宮城県で二十一地区約三百戸、岩手県で十地区百二十戸、福島県で十地区百戸が整備（筆者調べ）されているとみられる。

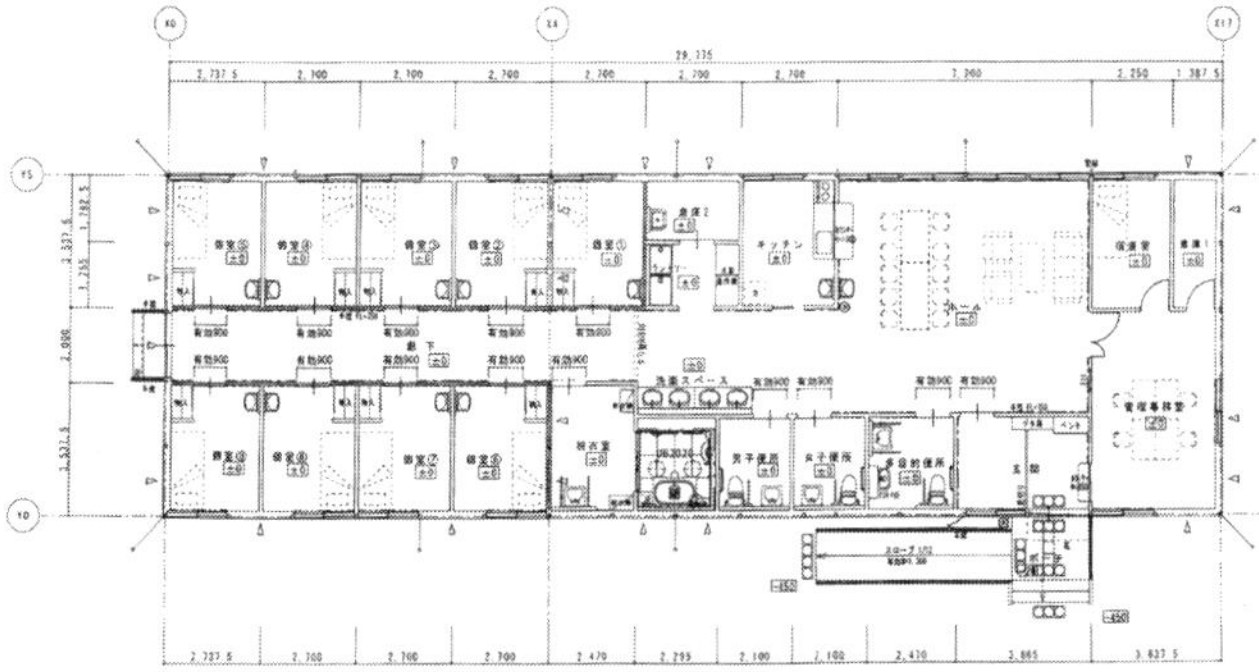

図1　福祉仮設住宅平面図（宮城県の事例）

多くは被災した高齢者や障がい者の施設の代替として活用されているが、一般仮設住宅では対応困難な高齢者のための仮設住宅の一形態として使われているものや、地域支援の拠点として使われているものなど、同じ形態の建物のなかで、さまざまな支援がおこなわれている。

居住者・利用者、また支援する側にとっても「仮の地」での、常設ではない「仮の建物」のなかでの暮らしや期間限定のサポート（支援）である。人間関係さえ「仮」の、薄く淡白なものになりがちな状況下でも奮闘する人々がいる。必ずしも安定していない状況のなかで、むしろ安定していないからこそ真に必要なこと、大事なことをぶれずに追求している二つの事例を通して、大震災がもたらしたこと、そこから学ぶべきことを考えてみたい。

2 あがらいんの挑戦——地域コミュニティの拠点作り

あがらいんの誕生

あがらいんは石巻市の開成仮設住宅団地と南境仮設住宅団地のほぼ中央に位置する福祉仮設住宅である（写真1）。両団地は約二千戸、五千人が居住する一つの「町」に匹敵する規模で、東日本大震災によって被災地に建設された仮設住宅団地としては最大の規模になっている。

あがらいんが支援するのは「制度が支えきれない人々」である。通常の仮設住宅での生活が困難で、現行法（介護保険など）では支援が行き届かない被災者のため、また多様なニーズに柔軟に対応するために設けられた地域支援の拠点である。

「多様なニーズ」に対応というのは実はとてもやっかいなことである。いってみれば、「何でもあり」の状況になることから、行政的・運営的には一つひとつのケースに対して個別に判断していく手間と柔軟性が要求される。そのため、石巻市と交わされた業務の委託契約書には「本市と適宜、協議調整を図ることとする」という一文が明記されていて、門戸は限りなく広くオープンとし、被災者が抱えるさまざまな問題や課題に対してよりよい支援をしていくこと、そのためにつど協議しながら前に進んでいくという姿勢で取り組まれている。決められた枠のなかに収まった（収まらざるをえない）介護保険サービスとは異なる。

運営業務を石巻市から受託しているのが、仙台市にあるNPO法人全国コミュニティライフサポートセンター（以下、CLCと略記）である。石巻市は「地域支え合い体制づくり」事業（厚生労働省）によってこのサービスを整備した。

写真1　福祉仮設住宅あがらいん外観

　あがらいんの事業は大きな二つの柱からなる。「個人の暮らし」を支える事業としては、一般の住宅や仮設住宅での暮らしが困難な人々に対して、必要な期間の住まいの提供、地域から通って泊まれる機能などがある。あくまで在宅復帰を支え、在宅生活の継続を目標とする。利用者も特定の属性に限定していない。利用者決定については、運営事業所のほか、石巻市の保健・福祉の関係課や専門職を含むワーキングチームがおこなっている。

　もう一つは「地域住民の暮らし」に関わる事業である。配食サービスを含めた昼食の提供、総菜や野菜などの移動販売、朝のラジオ体操や散歩の活動、共同菜園や花壇作り、子ども学習室や日帰り温泉ツアーなど各種イベントの企画と実施である。これら二つの事業を「地域との共同で提供」

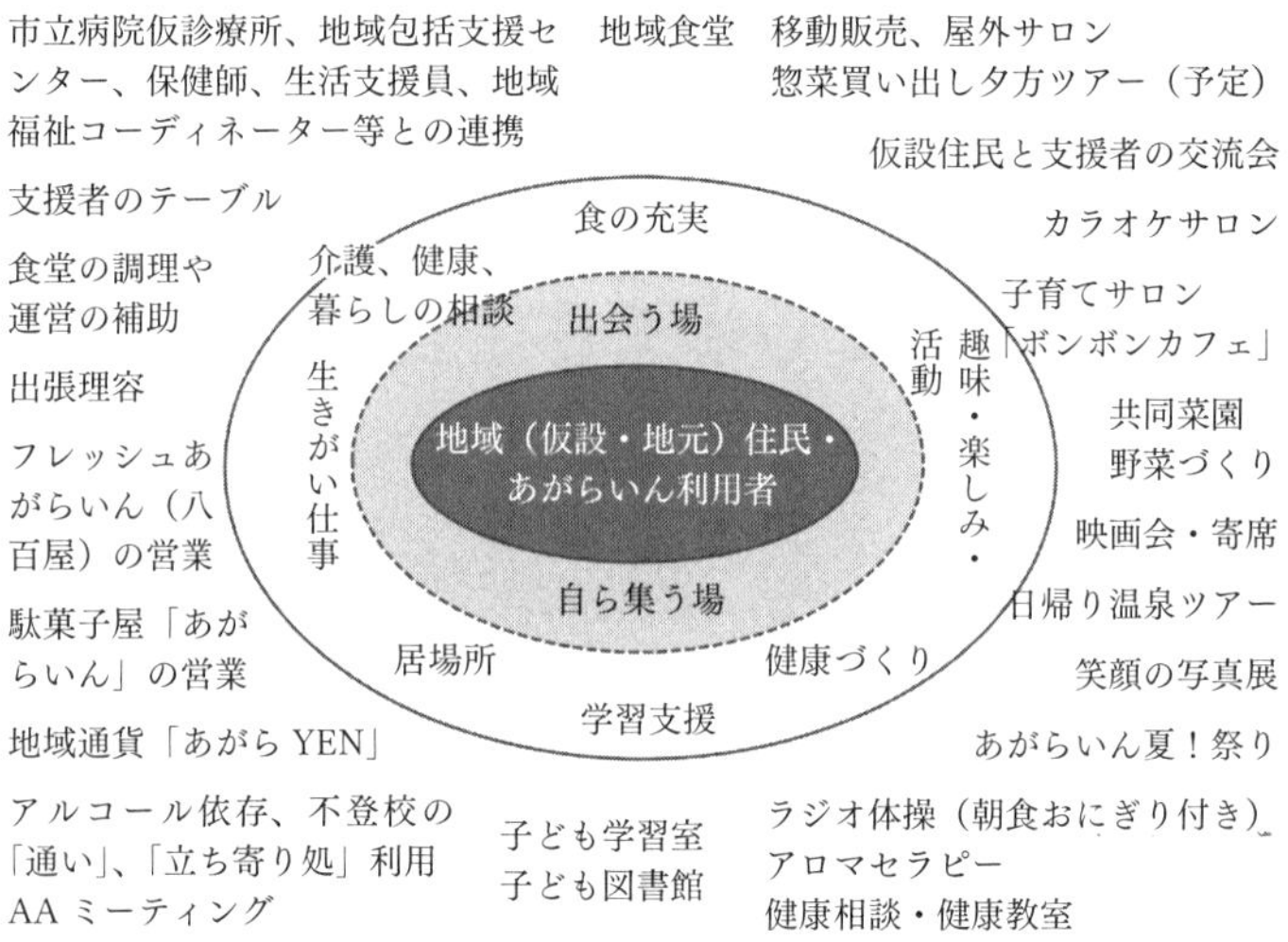

図2　地域とあがらいんの接点（CLC提供）

しようとするところに特徴がある（図2）。

大震災があぶり出す社会の課題

さて、実際の入居利用者の事例から、この場所がどのような役割を果たしたのかを見てみたい。CLCでは利用者の特徴から、その役割を五つのカテゴリーに分類している。

一つは一時的な「シェルター」としての役割。このケースでは保健師や警察を経由して市の福祉総務課に情報が届き、最終的にあがらいんに行き着いている。さまざまな理由で在宅生活が困難な状況に陥った利用者の生活力や健康の回復の場になっている。

例えばAさんは震災後、心身の状態が不安定になり、避難所や仮設住宅、病院などを転々としていた。不安定な生活からくる疲労や精神的なダメージが重なり、歩くのさえ難しい状況に陥っていた。ここでの支援をもとに自信の回復、

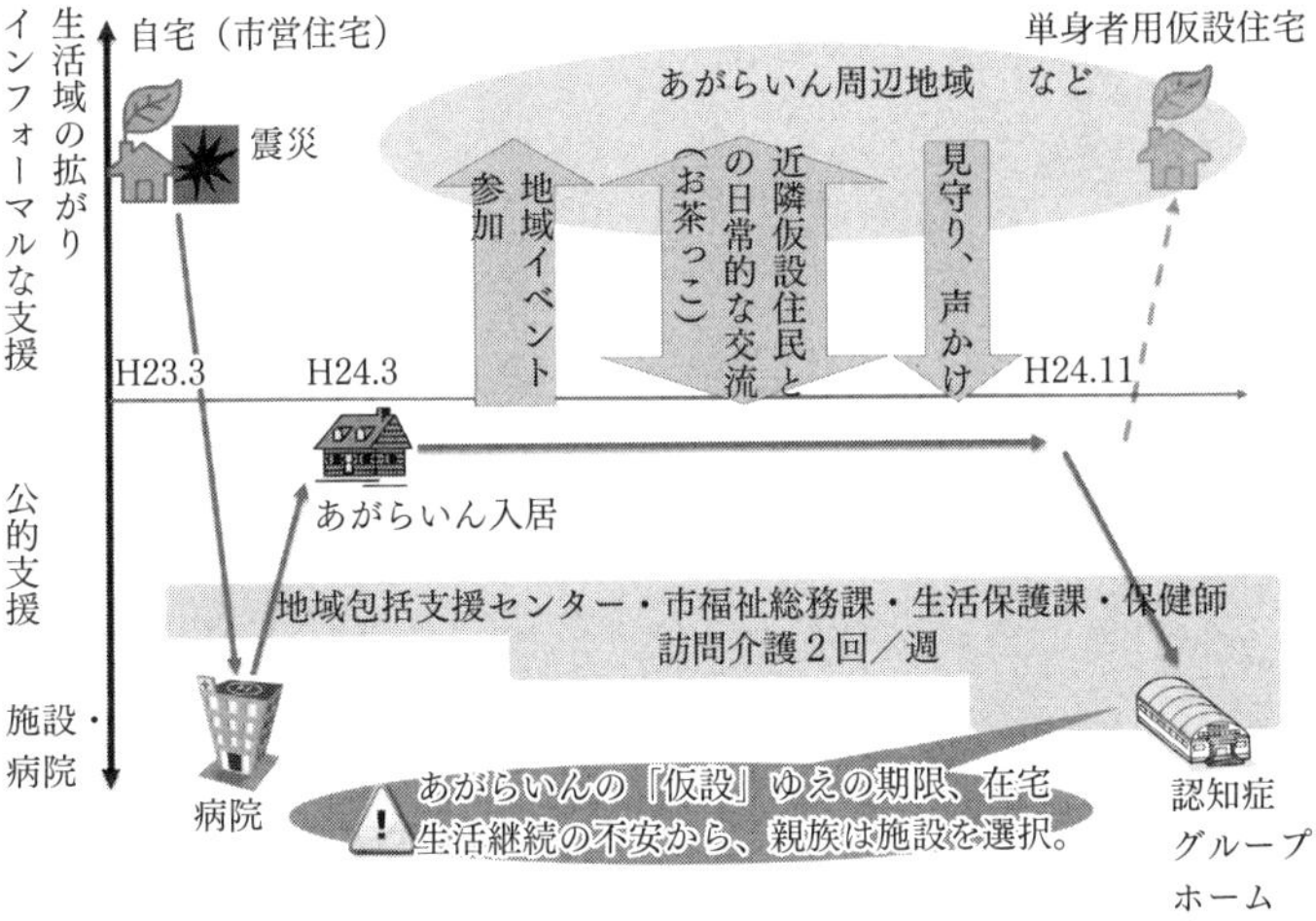

図3　自宅退院が困難とされた認知症高齢者の支援（CLC 提供）

体力の回復、そして地域のなかでの役割の獲得によって、自立して暮らせるまでになった。親子関係の調整や家族に対する精神的支援も含めて、あがらいんが大きな役割を果たしたとのことである。

二つ目は「医療から生活場所へのつなぎ」としての役割。このケースは、地域包括支援センターや医療機関、市の福祉総務課を経てあがらいんにきている。退院後、在宅で暮らすことへの不安や困難を抱える高齢者の利用が当てはまる。ここでの生活支援によって体力が回復し、生活自立度も向上することで、施設入居や在宅生活（仮設独居）に移行することを目指す。滞在は三週間程度から半年程度までさまざまである（図3）。

三つ目は「施設利用困難による生活場所」としての役割。Bさんは高次脳機能障害と排尿障害を抱え、転院を繰り返したあとの生活の場所

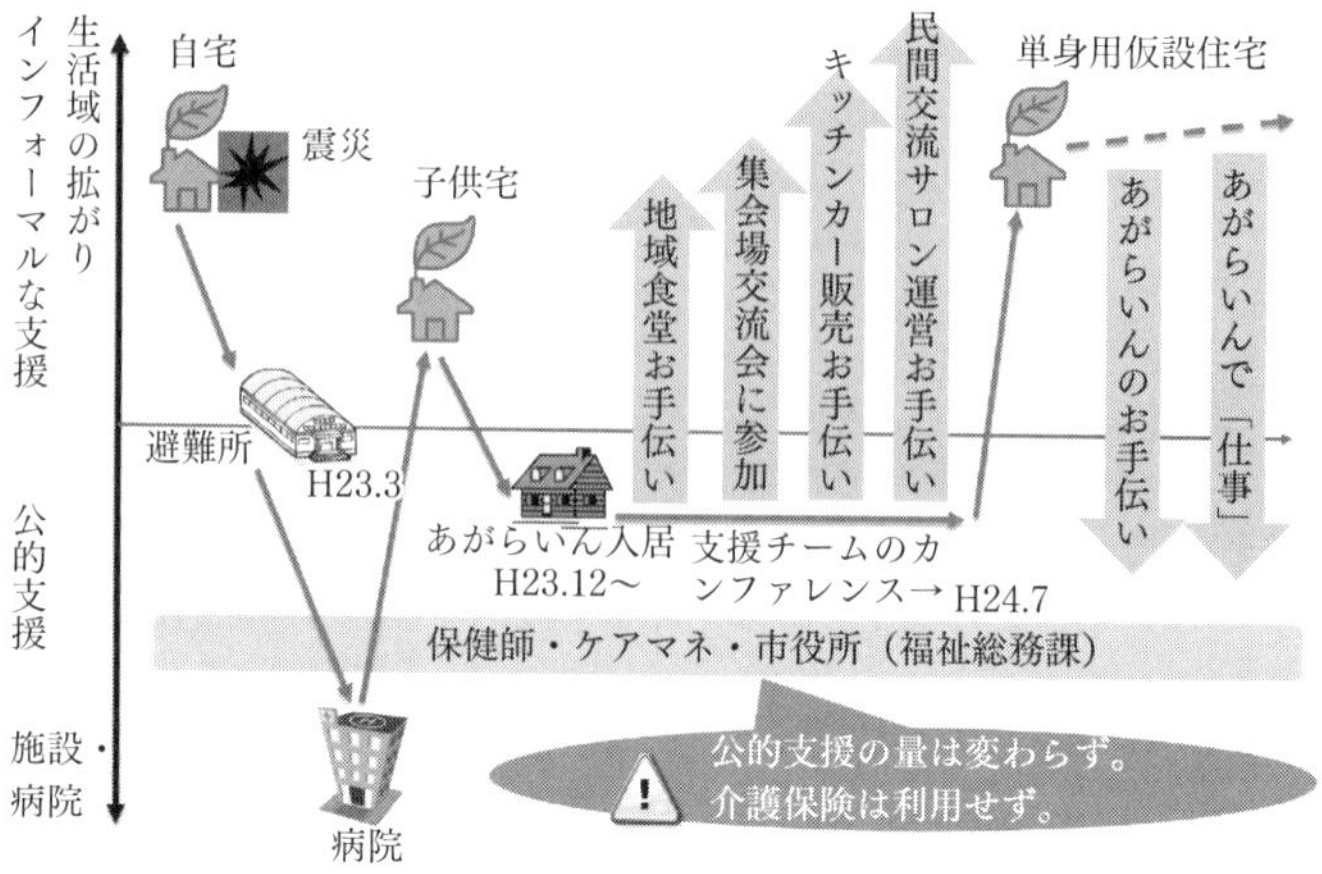

図4　高齢者の自立支援（CLC 提供）

が定まらなかった。あがらいんが受け皿になり、当面の安定した生活の場所になった。支援のなかでは生きがい作りや、退所後の就労支援も意識し、同じくあがらいんで展開する地域食堂などでのボランティア活動の場も提供するなどした。また、それまでおこなっていなかった介護保険認定の申請もサポートした。

このほか、高次脳機能障害を抱え、金銭管理や日常生活行為に困難が生じ、さらには栄養失調状態になり、栄養状態の改善と生活の立て直しのために利用された方もいる。いずれも、生活面だけでなく、積極的に生きる力と意欲を引き出すような支援をおこなっている（図4）。

四つ目は「在宅生活継続の支援・家族へのレスパイトケア」の役割。要介護認定に反映されない高次機能障害の症状と介護の手間とのギャップに対して、必要に応じてレスパイト（一時利用）を提供し、家族の負担軽減を図っている。そのことがいざという

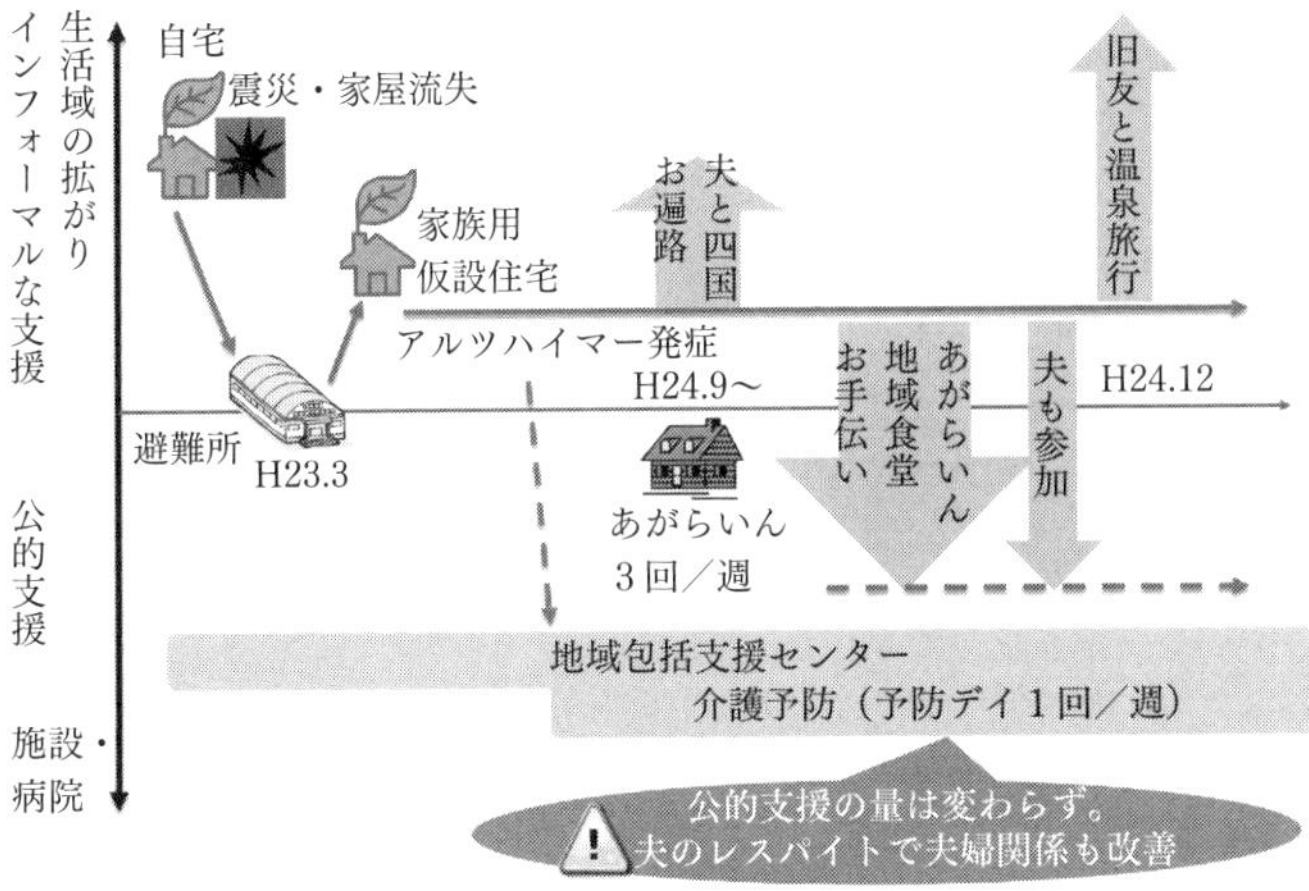

図5　妻が若年性アルツハイマーの夫婦の支援（CLC 提供）

ときの安心感にもつながっている。

最後五つ目は、「仮設生活困難による一時避難」としての役割。緊急性は低いものの、仮設住宅の環境改善や生活の立て直しのために一時避難所的に利用されるケースである。

前述のような入居型の利用だけではなく、通い型としての利用もある。若年性アルツハイマーの女性を食堂のボランティアとして受け入れることで、夫のレスパイトケアにつながったケースもあった。本人の日常生活能力の維持や、夫婦関係の改善にもつながり、利用して一カ月後には夫も一緒にボランティア活動に参加するようになった（図5）。

居住支援を経て在宅に復帰したあとも、社会参加や交流の場を提供し、ボランティアとして関わることができる体制をとったことで、居住から通いへと継続的に関わって支援できるようになったケースもある。

いずれも、どの社会でも起こりうる、また震災の有無にかかわらず起こっていただろう事象が震災によって増幅されて顕在化し、既存の制度では対応不可能なケースについて、まさに「個別」に、「柔軟」に対応している状況が読み取れる。CLCはこの連続的で段階的な実践のかたちを「支援のらせん階段的資源開発」と呼んでいる。

あがらいんによる地域の暮らしの支援

あがらいんのもう一つの大きな事業として「地域住民の暮らしに関わる事業」がある。配食とレストランでの食事提供を核としたさまざまな支援事業を、地域に対して、また地域とともにおこなっている。

①食の充実、②介護・日常生活相談、③社会参加・生きがい、④学習・居場所、⑤健康作り、⑥趣味・楽しみ・日常活動の六項目が大きな目的で、そのためにさまざまな事業を企画・運営している。

そのなかでも特に中心的な事業が「昼食会」である。二〇一二年一月から十二月までで延べ千七百八十一人、実数で二百三十四人の利用があった。毎週一回の開催だから、一回平均三十人から四十人が参加していることになる。近隣の仮設住宅団地以外の地域からも参加がある。昼食は特別なものではなく、ワンコイン（五百円）で提供される「日替わりのごはん」だが、その「場」が食事の提供以上の役割を果たしている。「出会い」「集い」「活動」の場としての食事会である。震災、そして仮設居住によって断絶してしまった人とのつながりや関わりを食事を通して取り戻し、さらには新たな関係性を作り出すための場になっている（写真2）。また、仮設住宅の住民だけではなく、石巻市民全体を震災被災者として捉え、すべての市民を対象にした事業であることも特徴的だ。あがらいんが実施した利用者アンケート調査によると、「知り合い・仲間ができた」「みんなで食べることで食が進む」「いろいろな情報交換ができる」「出歩く機会ができた」など、昼食会に参加してよかったという意見が多く見られた。

写真2　昼食時の風景

この食事会での出会いが縁で新たな友人を作ることができた人、団地内ですれちがう知らない人たちにも声をかけて食事にいくようになった人、独り暮らしで十分なものが食べられない生活をしていたが、できたてのおいしいごはんを食べられる喜びを感じている人、同じような悩みや悲しみを抱える仲間と出会えて、生きる気力や意味を再確認できた人……などなど、「食事会」という、いってみれば極めて単純な場と行為を通して、震災で失われたものが新たにつながり、生み出されている状況がよくわかる。建物としては約三百三十平方メートル（百坪）足らずの小さな場であるあがらいん。しかしその活動は、仮設住宅団地だけではなく、石巻市全体に及ぶ大きな力になっている。

真の課題は制度と制度の狭間に

あがらいんは震災によって生まれた場だが、実はその原型は震災前からあった。仙台市内で同様の機能をもって実践していた場（ひなたぼっこ）があったからこそ震災直後の被災地での取り組みにつながり、あがらいんが誕生した。ＣＬＣでは平時から、顕在化しにくい、しかしどの地域にも潜在的に潜む諸課題を掘り起こし、地域のなかで、地域の人とともに支えることを継続的におこなってきた。

震災、そして復興の過程で取り残され、最後まで安住の地、安定した暮らしを取り戻せずに残っていくのは、身体的・社会的に弱い人々である。本来ならば見えにくく、なかなか顕在化してこない物事や状況を一気にあぶり出し、凝縮したかたちで顕在化させるのが大震災である。その状況に対しては、通常の理論や制度では対応することが困難な状況や事情が多く生じる。だからこそ、日頃からその部分に目を向け、取り組んできた活動や支援が災害時に生きてくる（図6）。

一方で、顕在化した事象が「見えるか」「見えないか」、たとえ見えたとしても「見えたから何らかの行動に移すか」「見えても何もしないか」の境は平時からの意識にかかっている。平時からの目と意識のうえに成り立つ非常時・災害時の対応であり、常日頃からの姿勢と活動がなければ、いざ災害が起こった際に、的確に、迅速に対応することは困難なのである。言い換えれば、平時に用意されていること、できていること以上のことは、災害時・非常時にも表に出せないし出てこない、ということでもある。

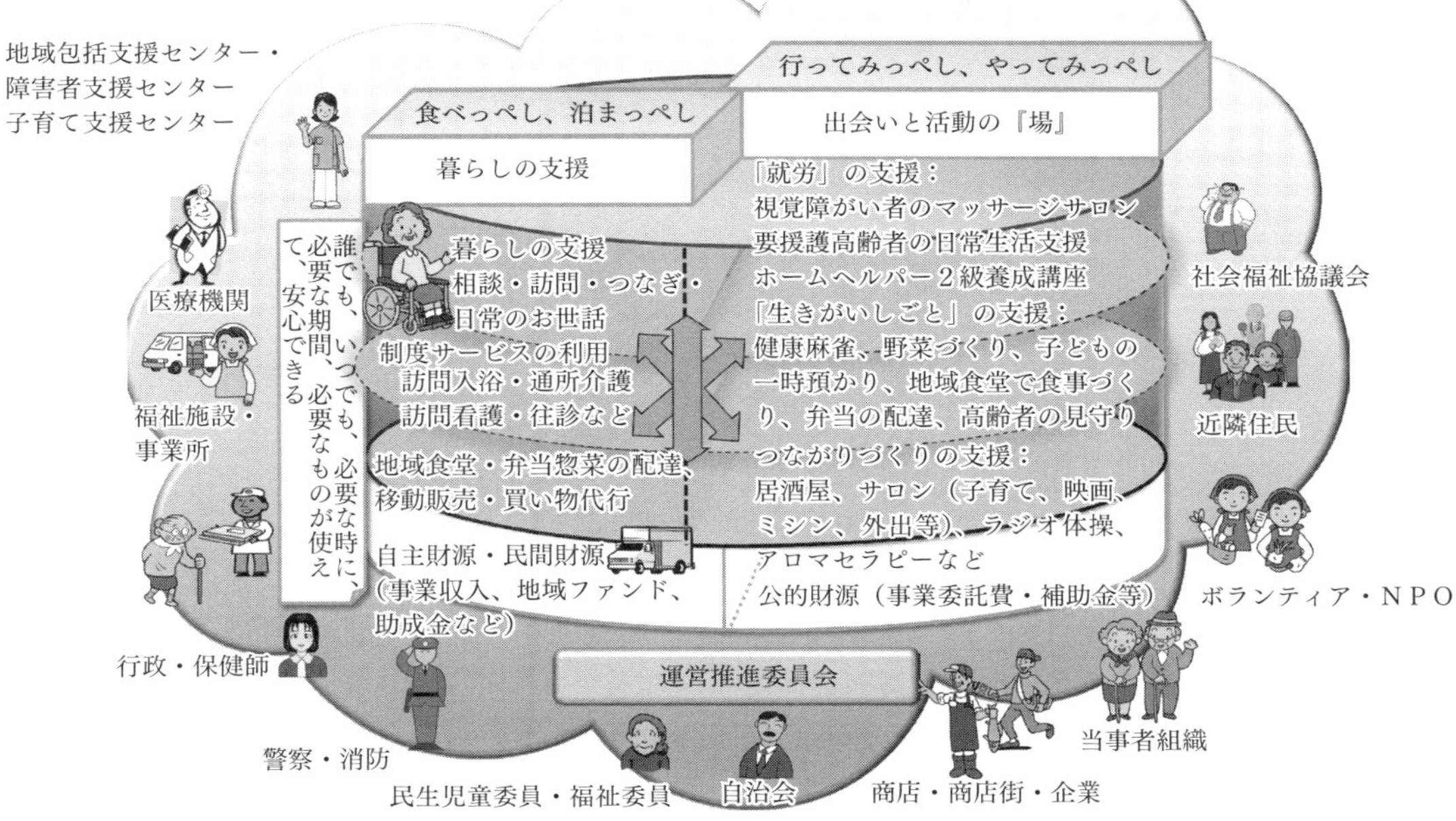

図6　ひなたぼっこ・あがらいんの機能（CLC 提供）

震災によって壊され、失われた暮らしの支援に必要なものは何か。あがらいんの取り組みはそのことを教えてくれる。ほんのわずかな「場」と地域に潜むニーズに個別に柔軟に対応する支援、そして、それをおおらかに見守り支える行政。その点的で個別的な支援に地域や住民の力を活用し、結果的には面的な支援につなげている。福祉仮設住宅を拠点に展開されるあがらいんの活動からは教えられることが多い。

「制度」は最大公約数のニーズを拾い、それに対する支援を「制度として保障」するものである。「制度のうち」のものは制度で守られる。当然、そこからこぼれ落ちるニーズや状況もある。それらを「制度外だから」と切り捨ててしまうことは簡単だが、むしろ「制度の外」にこそ大切なこと、本質が潜んでいるという意識を共有することができる社会の価値観、行政のまなざしも今後は重要になるだろう。結局のところ、震災時にもっとも支援が必要になり、もっとも目を向けなければならない状況はそこにあるのだから。

3　虹の家の挑戦——新たなコミュニティの構築

あの日、あのとき

認知症高齢者グループホーム（以下、ＧＨと略記）虹の家は、福島第一原子力発電所から十キロのところにあった。福島県浪江町内、唯一のＧＨで、開設七年目を迎えた一ユニット九人の小さな民家活用型のものだった（写真3）。

あの日も、いつもと変わらないのんびりとした日常の時間が流れていた。しかし、午後の突然の大きな揺れ。長く続いた地震だったが、幸い建物の損傷もなく、利用者・スタッフ全員無事だった。

地震の大きな被害もなく安心して迎えた翌朝、思いもかけない防災無線が入った。避難指示と消防団の呼びかけのなか、状況がよくつかめないまま、GHのみなさんは避難することになる。具体的な指示もないままの緊急退避。「夕方には帰ってこられるよね」「一晩くらいは泊まってこなくちゃならないのかな……」と言いながら、着の身着のまま、一人一枚ずつの毛布を持って三台の車に全員が乗り込み、虹の家をあとにした。

まさか、それがGHでの生活の最後になるとは誰も予想さえしなかった。

避難所に入るも、大勢の一般避難者がいるなかでは認知症の高齢者の対応は難しく、症状も落ち着かない。そこで福島市内のGHを頼り、利用者・スタッフともお世話になることにした。錯綜する情報のなか、しばらく故郷には戻れそうもないということがわかり、利用者の今後の受け入れ先を探すことになる。家族に引き取られたケースもあっ

写真3　浪江町の民家を活用したGH（虹の家提供）

たが、多くは栃木県内の施設に受け入れてもらうことになる。全員の避難先が無事に決まり、虹の家は休止となった。

福祉仮設住宅での再会と再開

それから約半年後の二〇一一年十月。虹の家は本宮市に建設された福祉仮設住宅を利用して再開できる見通しが立った。離散していた利用者とスタッフは再会し、再び同じ屋根の下で生活ができるようになる。しかし、再会したときの利用者の変わり果てた姿にスタッフは驚いたそうだ。家族と暮らしていた人も、ほかの施設で暮らしていた人も、みな心身の状態が悪化し、認知症の症状も不安定になり、わずか半年で別人のようになってしまっていた。度重なる移動、慣れない生活環境での半年間の暮らしが、思いのほか大きなダメージを利用者一人ひとりに与えていた。

ところで、GHは介護保険制度上、地域密着型サービスに位置づけられる。地域社会・地域住民とともに、慣れ親しんだ暮らしが継続できるよう居住環境を整え、ケアすることを目指す。本来は、住み慣れた町や地域で継続して居住し続けられるように設置されるものである。虹の家も浪江町にあったときには地域住民との関係を大切にしながら、地域住民とともにある施設を目指して運営されていた。

「仮の地」にある「仮の建物」の「福祉仮設住宅」での事業再開が可能になったとはいえ、震災(原発避難)によって住み慣れた地域や場所を離れざるをえないなかで、まったく新たな、なじみがない地域での生活になる。大きな困難を抱えての再出発だった。

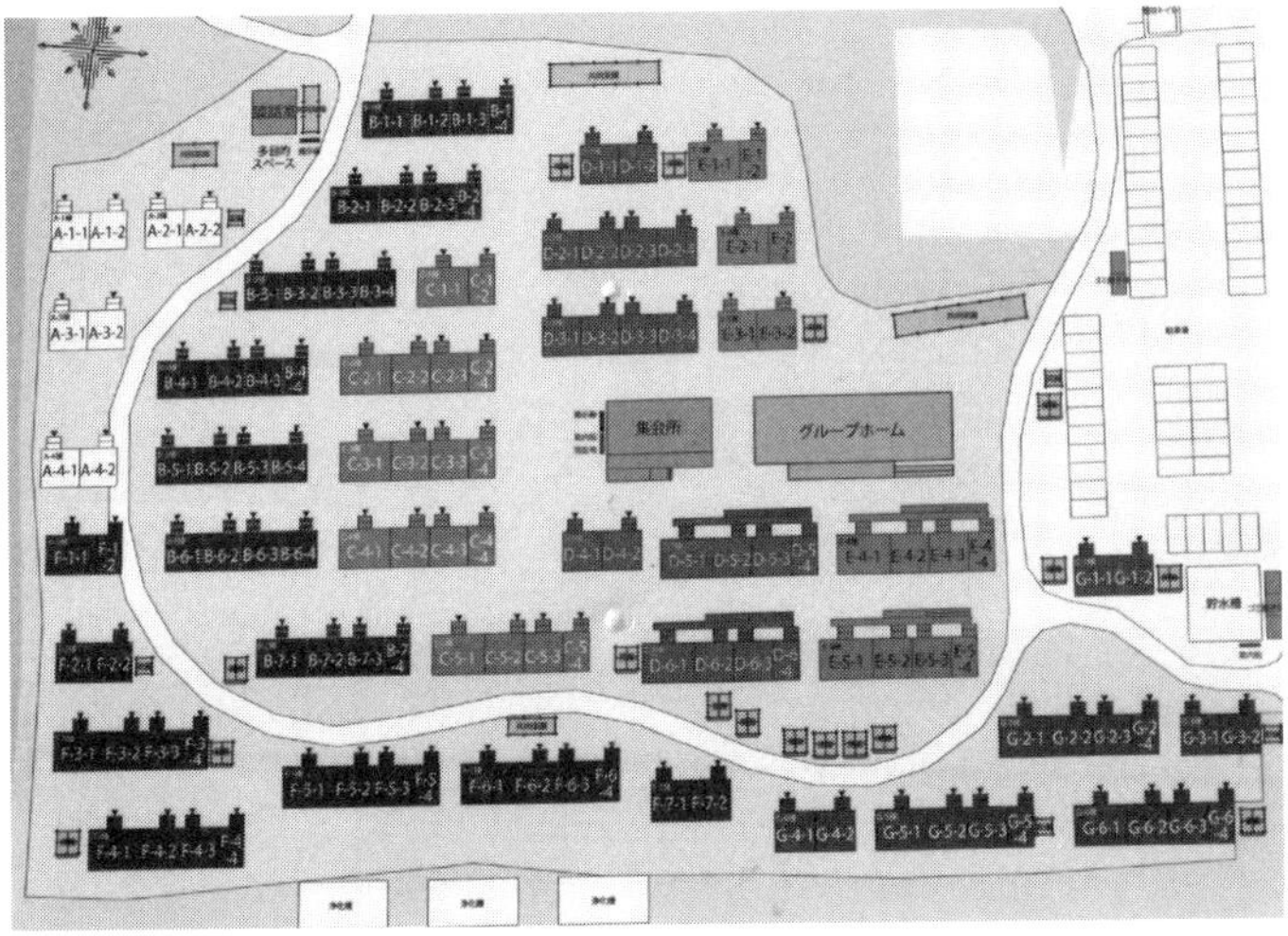

写真4　福島県本宮市の公園内に整備された浪江町民のための一般仮設住宅と福祉仮設住宅（虹の家）

ただ、福祉仮設住宅（ＧＨ型）の立地と住環境のよさは幸いした。虹の家が入ることになる福祉仮設住宅が建設されたのは、一般の仮設住宅が整備された福島県本宮市内の公園だった。浪江町のほかの避難者のための仮設住宅百二十八戸と同一敷地に、かつＧＨと集会所とが住宅地の中心になるように一体的に計画・整備された（写真４）。

また、通常は簡素で規格化されたプレハブで作られることが多い仮設住宅だが、ここでは居住の長期化も見据えて、ログハウスタイプの木造で温かみがあるものとして作られた。ＧＨの空間も、木質系の素材を積極的に用いた、明るく開放的なものだった。

敷地内で同郷の町民とともに暮らせるという恵まれた立地環境と住環境、そのなかで自分たちにしかできない役割を果たしていきたいという地域密着型の福祉施設（ＧＨ）としての強い意志と取り組みによって、浪江町で暮らしていたとき以上に密度が濃い地域住民との関わりをもちながら暮らすことを実現した。

浪江町とは地域性も気候も環境も異なる他市の公園の一角に設けられた仮設住宅団地だが、その地で認知症高齢者の暮らしを支えよう、そして町を再生させよう、その核になろうと奮闘するGHの取り組みはどのようなものだったのか。

仮設の地での新たな地域コミュニティの構築

虹の家が意識的に、かつ積極的に取り組んだことは、新しい地域のなかで、新しい住民とともに新たな地域コミュニティを作ること、そしてその核になることだった。故郷を失い、築き上げてきた地域との関係性を失ったからこそ、その意味や価値を理解し、新たな地で必死になってそれらを取り戻そうとしたのかもしれない。

まさに地域密着型サービスの理念を仮設住宅地でも実践しようとした。一般的な福祉仮設住宅のGHの場合、それまで暮らしていた地域から離れて見知らぬ土地での生活を強いられるため、また周辺住民もGH当事者も「仮設」であるという仮住まい的な意識から、地域やその住民とのつながり、関わりを新たに作り出すことは非常に難しく、作り出そうとしてもうまくいっていないケースがほとんどである。地域のなかで孤立してしまっている福祉仮設住宅もたくさんあるのが実情だ。

しかし虹の家は、ほかの浪江町民と同じ仮設住宅地にあり、GHの建物に地域とのつながりを作りやすい建築的工夫（例えば、リビングが掃き出し窓で屋外とつながりやすいこと、一般の仮設住宅と距離的・視覚的に近く設置されたことなど）が施されていたことが、地域コミュニティ作りの際に大きな効果を発揮した。

施設スタッフによると、「利用者一人ひとりが、地域のなかで地域住民とともに暮らしの継続が図れるようにするためには地域との交流や関わりが重要になる」と強く意識し、「認知症高齢者が地域の一住民としての役割をもち、地域住民の一人として実感できる配慮」や「認知症高齢者が地域住民とさまざまな交流がもてるような工夫」をしながら日常の暮らしを組み立てていったとのことである。従前よりも、周辺の住民と一緒になって暮らしている、また仮設の地であっても同じ町（地域）で暮らしているという手応えを実感しながら日々を送っているように見受けられた。

地域と住民への積極的なはたらきかけ

例えば、仮設住宅地を利用者の散歩道と位置づけ、毎日積極的に仮設住宅地内を歩いた（写真5）。福祉施設の場合、施設側が外に出ていかないかぎり外部との接点はもちえない。毎日の散歩によって、日常のなかで、一般の仮設住宅の住民との接点が徐々に作られていった。通りすがりにあいさつを交わし、認知症の高齢者が同じ敷地に暮らしているという意識が一般住民にも芽生えていった（写真6）。犬の散歩をしている人がいれば、犬を話題にコミュニケーションが生まれる。庭先で園芸をしている人がいれば、その様子をきっかけに話題が生まれて交流が広がる。浪江町にあったころは、広い町のなか、GHが立地する周辺の住民にしかその存在は知られていなかったし、なかなか直接的な交流がもてなかったものが、一気に百世帯以上の住民が日常的に認知症の高齢者たちやGHという施設を目にし、知るきっかけが作られたわけである。

一般仮設住宅の住民も巻き込んでの施設の防災避難訓練もおこなわれた。住民とともに消火器の使い方を習い、その機会に車いすの使い方講習もおこなわれた。

GHとして自治会にも加入し、仮設住宅地の一員としての役割を果たすことを心がけた。毎朝の

写真5　仮設住宅地内を散歩する施設利用者（虹の家提供）

写真6　散歩中に自然発生する住民とのコミュニケーション（虹の家提供）

ゴミ出し当番も担い、この仮設住宅地のなかで「特別な存在ではない」ということを、活動を通して意識的に示してきた。

徐々に、地域住民との距離も縮まり、仮設住宅地の安心を支える拠点として意識され、信頼されるようになってくる。住民側からのはたらきかけで車いす利用者のためにプランターが設置された

写真7　お祭りは地域とともに。GH 内に大勢の住民が集まる

写真8　軒先テラスまであふれるお祭り参加者

り、手作りのテーブルが設置されたりもした。

秋にはGHを会場に秋祭りを開催した。利用者や家族だけではなく、仮設住宅地内の一般の人々にとっても楽しめるような企画を考えて参加を呼びかけ、「施設の」ではなく「町の」お祭りとして作り上げた。全戸にイベント案内を配布することで、仮設の住民もGHに足を運んでくれ、一緒

写真9　さまざまなボランティアがお祭りに関わり、盛り上げる

写真10　移動販売車の営業時に活用されるGHの軒先テラス（虹の家提供）

にお祭りを楽しむ様子も見られるようになった（写真7―9）。

隣にある仮設集会所の行事にもGHとして積極的に参加し、住民との交流を楽しんだりもした。週一回、仮設住宅地を訪れる移動販売車のためにGHの軒先テラスを提供することで、仮設住宅地の中心としてGHが認識されるようにはたらきかけていった（写真10）。多くの住民がGHのテラスに集まり、そこに交じってホームの入居者も一緒に買い物をする光景が毎週見られるようになった。

敷地の一角に、仮設住宅の住民が互いに顔を合わせながら緑と花に触れることができる花壇コーナーを設け、花や野菜を一緒に育てていくなかでコミュニケーションを活発にしていく活動もおこなっている。

地域の一要素としての福祉施設

筆者は虹の家と共同で、一般仮設住宅の住民に対して、GHとの関わりや認知度についてのアンケート調査を実施した。仮設住宅地の一般住民の虹の家の名前の認知度は高く、「浪江町にいたときから聞いたことがあった」人が四六％、「仮設住宅に入ってから知った」人が五一％、「聞いたことがない」人はわずか三％と、特にこの地に移ってから広く認知されていることがわかった（表1）。虹の家を訪れたことがある人の割合も四一％と高く、一福祉施設と地域住民との関わりとしてはかなり特異な数字で、GHと関わりをもっている住民が少なくない実態も明らかになった（表2）。

表1　3つの仮設住宅での住民アンケート調査の結果（福祉仮設住宅の認知度）

	アンケート	施設の名前の認知度			施設の場所の認知度		介護施設であることの認知度		認知症 GH であることの認知度	
	回答数／配布数 回収率	仮設入居前から知っていた	仮設入居後知った	知らない	知っている	知らない	知っている	知らない	知っている	知らない
A 仮設	53/122 43.4%	46.2%（24）	13.5%（7）	40.4%（21）	58.5%（31）	41.5%（22）	58.5%（31）	41.5%（22）	35.8%（19）	64.2%（34）
B 仮設	82/195 42.1%	1.3%（1）	26.3%（21）	72.5%（58）	28.4%（23）	71.6%（58）	23.5%（19）	76.5%（62）	16.0%（13）	84.0%（68）
本宮仮設	72/128 56.3%	45.8%（33）	51.4%（37）	2.8%（2）	95.8%（68）	4.2%（3）	95.8%（69）	4.2%（3）	79.2%（57）	20.8%（15）

表2　3つの仮設住宅での住民アンケート調査の結果（福祉仮設住宅との関わり）

	来訪の有無		施設主催行事の認知度		行事（お祭り）への参加		入居者を見かけたこと		施設が同一敷地にあること（もしあった場合）		
	ある	ない	知っていた	知らなかった	参加した	参加しなかった	ある	ない	ありがたい	あまり好ましくない	特に何も思わない
A 仮設	17.3%（9）	82.7%（43）	—	—	—	—	30.8%（16）	69.2%（36）	40.4%（21）	0	59.6%（31）
B 仮設	12.5%（10）	87.5%（70）	15.0%（12）	85.0%（68）	11.0%（8）	89.0%（65）	11.5%（9）	88.5%（69）	42.9%（33）	9.1%（7）	48.1%（37）
本宮仮設	40.8%（29）	59.2%（42）	68.1%（49）	31.9%（23）	32.4%（23）	67.6%（48）	87.3%（62）	12.7%（9）	63.9%（46）	0	36.1%（26）

一般仮設住宅地内もしくは近接して福祉仮設住宅（認知症高齢者 GH）が立地する A 仮設（A 福祉仮設住宅）、B 仮設（B 福祉仮設住宅）、本宮仮設（福祉仮設住宅：虹の家）それぞれで一般仮設住宅の住民におこなったアンケート調査の結果である。隣接・近接している福祉仮設住宅（認知症高齢者 GH）に対する認知度や関わりの実際について質問した。調査は2012年10月から12月にかけておこなった。

何より、虹の家が仮設住宅地にあることを「ありがたい」と好意的に捉えている人が六四%を占め、否定的に捉えている人は皆無だったことがGHとこの地域との関係を如実に示している（表2）。地域によっては、認知症高齢者の施設を計画すると、反対されたり否定的に捉えられたりすることがまだまだあるなかで、認知症の人を地域が受け入れ、ともに暮らしている状況が作り出されている。

「何かお手伝いがあればと思いますが、どんなことが必要なのかわかりませんが、人手がいるときは声をかけてもらえばと思います」「施設があることは仮設住宅にある程度の活気をもたらしています。入居者の散歩を見ることにより、負けないで出かける気持ちになり大変いいことと思います」「散歩のときのお手伝いなどもしたいです」「一度見学やイベントに参加したいと思っています」「人手が足りないときには知らせていただければお手伝いしたいと思っています」「介護保険、認知症介護の勉強会、車いすの使い方の講習会を開いてほしいです」「好きでホームの生活を望んでいる方はいないと思います。温かい目で見守ってあげられたらとひそかに思っています」「いずれ自分もお世話になるかも。心強いです」などの住民の方々の言葉が、GH虹の家の存在の大きさと価値を示している。単なる仮設の一福祉施設ではなく、地域のなかでの重要な拠点、場所として周辺住民の意識のなかに位置づけられている結果である。

仮の地でのコミュニティの構築

福祉施設が地域との関係を築くのは容易なことではない。地道な努力とその継続、施設側の地域に対する開かれた意識と積極的な行動がなければできないことである。ましてや、「仮の住まい」となる「福祉仮設住宅」ではなおさらである。

今回、何よりも大きかった要素は、半年間の離散があったものの、なじみの関係にあった入居者と職員が再び集まることができたことである。本来なら時間をかけて構築しなければならないのが人間関係である。しかしここでは、すでにできあがっていたなじみの関係を土台として、新たな地での生活を始めることができた。そうでなければ、地域との関係を築く以前に、福祉仮設住宅内の人間関係の構築に時間も手間もかかってしまい、地域にまで目も心も行き届かなかったことだろう。一般的に福祉施設が地域に目を向け、また地域からもその存在が認知されて、地域の一員として役割を果たしていくには一年から数年という時間がかかる。しかもそれは、施設側の内部で安定した関係性が構築されてはじめて可能になることでもある。

また、虹の家を受け入れた地域の側も同様である。地域自体が成熟していなければ、福祉施設などとの共存は難しい。お互い（居住者同士、居住者と虹の家）に直接的なつながりはなかったとしても、「同じように被災した」「同郷のもの」という物理的・精神的なつながりが大きな要素になり、認知症GHを地域で受け入れ、共存することを容易にした。

大震災に伴い、住む地域も家も失い、危機的な環境移行の状況にあったからこそ、そこにあったわずかなつながり、すでにあったこと、すでにできあがっていたことが極めて重要な意味をもち、仮の地での仮住まいの暮らしを支える基盤になった。

震災によって失ったモノやコトは計り知れない。また、どんなにがんばってもそれらを従前どおりに取り戻すことは難しい。しかし、そのようななかでも、いやむしろそのような状況だからこそ、前を見て新しいことを獲得していこうとする強い意識と努力。壊れて失われてしまったコミュニティの再構築、というより新たなコミュニティの構築の中心になって役割を果たしていこうとする小さなGH（福祉仮設住宅）虹の家の取り組みは、福祉施設のあるべき姿、これからの時代の福祉施設と地域とのあり方についての、また認知症や障害がある人を支えるまちづくりについての大きなヒントを提示してくれている。もとに戻るのではなく、新しい姿を求めて変容し進化する取り組みが、被災した人々の「福祉仮設住宅」でおこなわれている。まさに「復旧」ではなく「復興」である。不安定で先が見えない状況だからこそ、また極めて弱い立場だからこそ、周辺の住民や地域の力を借りながら、相互に支え合う関係を作り出すことで、自分たちの暮らしをより安定したものにしようとする取り組みは実に理にかなったものでもある。

「仮設」での暮らしは、少なくともまだあと数年は続くことだろう。その先に待っているのは、災害公営住宅への転居や新たな地での暮らしの再始動である。それは残念ながらこのコミュニティ単位で動くものではなく、あくまで個人で動くものである。時間をかけて培い、育み築いたコミュニティや関係性が再び壊されてしまうだろう危険性とその現実。社会的には、仮設住宅や仮設住宅地が解消された時点で「復興が果たされた」とされるだろう。しかし、人々の暮らしの本当の復興はそこから始まる、ということを忘れてはならない。

4　今後につなげる大震災の経験

二つの福祉拠点の取り組み。あがらいんは地域住民を受け入れ、そして広く地域を守り支える拠点として大きな役割を果たす。また虹の家は一福祉施設の枠を超えて、積極的に地域に出ていき、地域を巻き込みながらコミュニティの核として役割を果たす。それぞれかたちは異なるが、共通するのは「大震災前」の取り組みやつながりが生きているということである。大震災時は、平時のようにのんびりと種をまいて、芽が出るのをじっくり待つ時間的余裕はない。即効性・実効性がある支援や取り組みが必要になる。つまり、大震災後には、震災「前」にまいていた種、震災「前」におこなっていたこと、そこにあった状況に頼るしかないわけである。

一方で、大震災という「普通ではない」状況下、予測できない諸状況と諸環境のなかでは、その当初の支援の方法は加速度的に新たな方向に発展し、展開していくこともある。支援する側とされる側とが相互に影響しあいながら新しいかたち、よりよいあり方に発展するということである。

そこで課題になるのは、せっかく大震災後の過程で生まれたり発展したりしてきた、時限的で仮設状況的な取り組みや人とのつながりが、その先も保障される仕組みがないということである。大震災によって失うことは多いが、実はそこから生まれ、育まれることも多くある。平時では生まれなかったかもしれないこと、もしくは本来なら時間がかかって生まれたり発展しただろうことが、大震災後、必要に迫られて、また「仮」という名目のもと実現したりする。「仮」で役割を終えることができるものもあれば、新たに構築された人々のつながりや地域支援のかたち、地域コミュニティなど「仮」がもはや「仮」ではなくなっていることも多い。

あれから四年半。大震災によって失われたことを忘れずに復興に向かわなければならないと同時に、大震災から得られたことについても目を向け、未来につなげていくことも大切だろう。二つの事例には、地域での福祉的支援やサポートのあり方、そして福祉施設のあり方など今後につながる貴重なヒントやエッセンスが詰まっているのではないだろうか。

参考文献

全国コミュニティライフサポートセンター『平成二十四年度厚生労働省老人保健事業推進費等補助金老人保健健康増進等事業「震災被災地における要援護者への個別・地域支援の実践的研究」報告書』二〇一三年

石井敏「〈連載〉東日本大震災緊急報告 命と暮らしを守りつなぐ場――高齢者介護施設の被災」「建築雑誌」二〇一一年十月号、日本建築学会、八―九ページ

山口健太郎／石井敏／井上由起子／三浦研「東日本大震災における高齢者施設の被災と事業継続の実態に関する研究」「日本建築学会計画系論文集」第七十八巻第六百九十号、日本建築学会、二〇一三年、一七三三―一七四二ページ

石井敏「立地条件の異なる福祉仮設住宅における利用者と一般仮設住宅住民との関わりと外出行動――福祉仮設住宅の建築計画に関する研究 その1」「学術講演梗概集二〇一三」日本建築学会、二〇一三年、

三七―四〇ページ

謝辞

本章の執筆にあたっては、両施設へのヒアリングやアンケート調査で得られた結果とともに、NPO法人全国コミュニティライフサポートセンターと認知症高齢者グループホーム虹の家からご提供いただいた各種資料をもとにしています。ご協力いただいた両施設には、この場を借りてあらためて感謝を申し上げます。

第7章　非常事態のなかのダイナミズム

——東日本大震災以降の日本人住民─外国出身住民の関係性の変容可能性

郭基煥

1　「災害ユートピア」

災害時の外国人について考えるとき、私たちはしばしばその人たちのことを「災害弱者」として考えがちである。もちろん当人の言語使用能力や社会関係などの条件次第で、特別な支援が必要な対象になりうることは事実である。とはいえ、今回の震災ではおよそそうした認識枠組みには収まりきらない外国人の姿もあった。はじめに、この点をよく示している事例を紹介する。[1]それは、中国吉林省で生まれ育ち、結婚と離婚を経験したのちに韓国へ渡り、その後、再婚を機に、その相手の実家がある日本の石巻市牡鹿半島に移り住んだYさんである。そこでYさんは二〇一一年三月十一日の震災を経験した。なおYさんの両親は朝鮮から中国に移住してきた人たちであり、したがってYさんはいわゆる中国朝鮮族である。

Yさんが日本人の夫と暮らす家は浜から数百メートル程度の距離のところだったが、高台にあったため、津波は家のすぐ手前で止まった。したがって家屋の被害は地震の揺れによるものにとどまった。その日、Yさんの家には偶然、前夫との間にできたYさんの娘が韓国からやってきて泊まっていた。実はYさんは震災前からずっと「心の病気」にかかっていて、家事をするのもままならなかった。当時はまだ現在の夫の父親も存命中で、その介護も彼女が引き受けていたのだが、娘に自分の代役を頼んでいたのである。

津波は家の前で止まったため、彼女の家には数軒の近隣の人々が緊急避難することになった。翌日、隣の浜の住人が、たまたまその浜にやってきて帰ることができなくなってしまった女性を連れてきて、誰か彼女を石巻市まで送ってほしい、と頼んだ。Yさんはその役を自ら買って出た。

近くのコンビニまで来たとき、彼女は上空からヘリコプターがやってくるのを見た。コンビニには人だかりができていて、そのなかの誰かを緊急搬送するためだった。隊員は、誰か付き添ってほしい、と言った。このあたりがいかにもYさんらしいのだが、彼女はほとんど反射的に手を挙げていた。そして、案内途中の女性はその場に残したまま、ヘリコプターに乗って石巻赤十字病院にまで飛んでいった。

彼女は病院でひどく後悔することになった。院内は混乱を極めていた。そのうえ彼女は、心の病気のために飲んでいた薬を持ってきてはいなかったのである。しかも日本語がほとんどできない娘を浜の家に残してきている。

数日後、夫と娘がようやく車で病院に迎えにきてくれた。どうにか家に戻ると、今度は緊急避難所になっている自宅に泊まる近隣の人たちの食事などの世話をすることになった。しばらくしてから彼女は、異国の地で遭遇した津波におびえている娘を連れて、韓国に一時、帰国した。浜に戻ってからは外部からやってくるさまざまなボランティア団体と住民をつなぐ役割を担うようになった。その浜にやってきたボランティア団体がキリスト教系の団体で、彼女自身、クリスチャンだったという理由もあったようだ。

私は震災から一年ほどたったころ、彼女に初めて会った。その後も何度か浜を訪れた私の印象では、彼女が外部とのパイプ役として浜の人たちから一定の承認を受けていることはまちがいないようだった。

さて、こうした彼女の経験や行動——利他性、俊敏性、ネットワークの形成力——は彼女だけのものだったのだろうか。私を含む外国人被災者支援センターが二〇一二年におこなった石巻市在住の外国出身者へのアンケートと翌年におこなった気仙沼市の外国出身者へのアンケート調査(2)によれば、程度の差こそあれ、それは多くの外国人にとって「普通」のことだった。アンケートでは、近所の人、同国の人、さらには要介護者のためにどのようなことをしたのか、という問いを用意したが、その結果を見れば、ほとんどの外国人がさまざまなかたちで救援や支援をする側にも回っていたのである。近所の人に対して「避難の呼び掛け」「安否確認」「食料の調達や買い出し」などのうちどれかをおこなった人は、石巻で八四%、気仙沼で七六%だった。次いで、同国の人に対しては、同じく石巻で六八%、気仙沼で七八%である。また家庭内の要介護者に対しては、石巻で九七%、気仙沼で七四％に上っていた。

三陸の二つの市の調査結果から明瞭に見て取れるのは、回答者の多くが、同国人同士の支え合いと同時に近隣の人との支え合いのなかで震災を乗り切ろうとしていた、ということである。私が知る人のなかには、発災当日、避難所になった学校で、義母を背負って階段を上り下りしたという人もいる。この類いの話は枚挙にいとまがない。

このような外国出身住民の側面とともに紹介しておきたいのは、彼女たちの避難のための一時帰国に対して見せた夫たちの態度である。震災から一カ月の間に、「国際結婚」をしている夫婦の間では、帰国について石巻で八九％、気仙沼では五八％が話し合いをしている。調査を始める前の私の予想は、この話し合いでは多くの場合、意見の相違が起こり、妻のほうの意見はあまり尊重されなかっただろう、というものだった。妻が外国出身者である夫婦の間には不均衡な力関係があると予測していたし[3]、非常事態になればそうした力関係がいっそう表面化するだろう、と考えていたからである。しかし、実際の結果は、「意見の相違が生じなかった」が石巻で三六％、気仙沼で四三％であり、相違が生じた場合でも「尊重してくれた」が石巻で五四％、気仙沼では三七％だった。つまり相違が生じたときに尊重されなかったのは、石巻で一〇％、気仙沼で二〇％にとどまったのである。注意すべきは、異国であのような光景を目の当たりにしたときには、避難先として自国を思い浮かべることは極めて自然だろうということと同時に、夫からすれば、いったん帰った場合、妻が再び日本に戻るかどうかはわからないと不安にならないではいられなかっただろう、というのが当時の状況だったということである。実際に、ある移住女性は、一時帰国から日本に戻ったことで、夫が自分をようやく信用するようになった、と語っている。夫が帰国に対して理解を示す場合、妻が戻らないことも覚悟してのことだったと考えられるのだ。そうだとすれば、夫の妻への理解はもはや「ヨメ」という役割の担い手へのそれなどではまったくない。

アンケートと聞き取り調査からは、確かに、レベッカ・ソルニットがいう「災害ユートピア(4)」の情景が外国出身住民の周囲の至るところで見られたことが推測できるのである。

このことをふまえて、さしあたって強調しておきたいことが三点ある。一つは、冒頭で述べたとおり、なるほど災害時に外国出身住民は言葉の問題やネットワークの不足から災害弱者になるケースがもちろんあり、したがってそのための対策が必要なことはいうまでもないが、その観点からだけ外国出身者を捉えることは明らかに偏っている、ということである。外国出身者＝災害弱者という枠組みには、平常時でさえ社会的に弱い立場にいるのだから、緊急時にはいっそうそうした側面が浮上する、という前提があるように思われる。

しかし、こう考える余地もある。つまり平常時に社会的に弱い立場にいて、社会的な資源を利用することが難しい場合、むしろその場その場で即興的に問題を解決していく「能力」が重視されるため、そうした環境に常に身をさらしている外国出身者は、災害時に要求されるような行動をとりやすいのではないか、と。ヘリコプターが降り立って、緊急の付き添いが必要になったとき、大事なのは「合理的コミュニケーション」による人選ではなく、可能であればとりあえず手を挙げることである。もちろん平常時に社会的弱者である状況を看過していいという話ではない。しかし、その一方で、緊急時に外国出身者が現におこなった多くの救助や支援を看過するとすれば、今後の外国出身者との共生のために有効な視点を失うことになるだろうことも確かである。危機の瞬間での彼ら／彼女たちの行動が銘記されるとき、地域の外国出身者との関係についての展望は、従来とは違うものとして描きうるだろう。

要するに、外国出身者たちによって救われた地域の日本人住民の命が少なくない以上、そうした人たちを地域再生の道のりでの主体として位置づけることには、いわば「倫理的な必然性」があるのではないだろうか、ということだ。

次に強調したいのは、先の論点と関わるが、震災時の被災地の秩序正しさを日本人の文化や伝統、あるいは「国民性」から考える論調がもてはやされたが、私たちの調査結果からすれば、そのように考える余地はほとんどない、という点である。秩序正しさや他者の生存を望む行動は、日本人にだけ見られた現象ではない。

これに関連して、「復興ナショナリズム」ともいうべき現象について少し考えておきたい。復興期に入ると、「がんばろう、日本」というスローガンが巷にあふれ、被災地でも日章旗や旭日旗、あるいはそのバリエーションと思われる旗が、至るところで見られるようになった。この復興ナショナリズムが「排外的」ではないことはまちがいないだろう。それは海外からの「がんばれ、日本」という、しばしば紹介されてきた声と何ら対立することなく調和し、一つのメロディーをさえ構成する。しかし、そのメロディーは当の被災地の外国出身住民にとってどのように聞こえただろうか。「がんばろう、日本」と「がんばれ、日本」の呼応では、「がんばろう」とする「主体」は日本に住んでいる日本人であること、「がんばれ」と声をかける者は海外に住む「外国人」であることが前提にされているように思われる。この前提的表象で、日本のなか、しかも被災地のただなかに生き、あの日、夫の母親を背負って階段を上り下りしたような外国出身住民はどこに位置づけられるのだろうか。外国出身住民は震災時、そして震災後にも事実上、地域社会で重要な役割を担う主体だったとしても、この表象を前提とする復興ナショナリズムが立ち現れるとき、自分がその主体としての資格があるのか、という不毛で寒々しい問いのなかに置かれてしまうのではないだろうか。あるいは、復興の主体としては一歩引いたところから加わるように促されてしまうのではないか。

最後に強調したいのは、調査結果からその一端が明らかになっているとおり、外国出身住民が近隣の日本人住民や要介護者の救援や支援に大きな役割を果たしたことには、ある程度、構造的な背景がある、ということである。今回の震災で大きな被害を受けた東北三県では、仙台市に集中する留学生と三年で帰国することが前提になっている「研修生」を除くと、その外国出身者はほとんどが結婚移住をしてきた人たちである。その場合、プル要因になっているのは周知のとおり、地域の「嫁不足」である。またこれらの地域は高齢化と人口減が進んでいる。加えて、ほとんどの場合、結婚相手の日本人男性は自分より相当に歳上である（アンケート調査では平均十一歳程度の差があった）。こうした背景があるために、実際に多くの結婚移住者が緊急時の家族の生命を維持するための身体的・物理的な行動を担うことになったのである。

2　災害と「構造的暴力」

ここまで発災直後の外国出身者たちの様相を記述してきたが、こうした記述はもちろん事の一面にすぎない。実際、ほかのところでこうしたことを論じるなかで、私は、ほかならぬ前述の調査と支援を協働でおこなってきた外国人被災者支援センターのメンバーからさえ、そのような批判を受けた。批判の要諦は、私の論調では、外国出身住民の「社会的弱者」としての側面、あるいは社会関係で抑圧され周縁化されている側面が過小評価されていて、したがって彼／彼女らの声を聞こえないものにしてしまっている、というものだった。私たちの活動は調査にとどまらず支援も同時におこなおうとするものだったから、それは当然、提起されるべき批判だった。私の論調では、支援はさほど必要ではない、と主張するようなものだからである。もちろんそれは私の意図するところではない。

したがって以下では、石巻調査報告書のなかでこうした批判と軌を一にするところの外国出身者の「災害弱者としての側面」、さらには日本人市民と外国人市民の不均衡な関係に関わる側面についての報告を紹介しておきたい。

震災直後の状況についていえば、佐藤信行は次のように述べている。

地震直後、津波をすぐに予想できた外国人は二九％にすぎない。また震災前に、「ヒナン」「ツナミ」という言葉を知っていても（それぞれ七六％、七九％）、「タカダイ（高台）」という言葉を知らなかった外国人は四三％にもなる。私たちが留意しなければならないことは、津波が来ることを「誰からも知らされなかった」二九％、「防災無線が聞こえなかった」「防災無線で言っている意味がわからなかった」と回答した外国人が五五％にも上ることである。(5)

なお、気仙沼調査では、「ヒナン」「ツナミ」を知っていたのはそれぞれ七七％、九五％であり、「タカダイ」を知らなかったのは三三％だった。また、津波については「誰からも知らされなかった」二五％、「防災無線が聞こえなかった」「防災無線で言っている意味がわからなかった」は五四％だった。ただし、佐藤の記述では、「無線が聞こえなかった」と「意味がわからなかった」が合算されているが、後者だけを取り上げると、石巻で二三％であり、気仙沼では三〇％だった。以上からは、決して外国出身住民の多くが情報弱者だったわけではないが、そうした側面を無視することはできないといえるだろう。

避難所での生活については、「「他の避難生活者は、あなたが外国出身であることを知ったとき、あなたに不快な言動をとった」（二六％）、「外国出身であることを、なるべく他の人に知られないようにしていた」（二六％）と回答している外国人がいることを、私たちは考えるべきだろう」(6)と述べている。なお、気仙沼調査では、「不快な言動」については五九％であり、「知られないようにしていた」については三三％である。ただし避難所生活が良好だったという答えも相当数に上る。

これらの一見、矛盾するような調査結果を統合的に説明することは次の課題にしたい。

ところで今回の東日本大震災に限らず、一般に災害は天変地異や戦争、原発事故などの異常な出来事（災害因）が引き金になるにせよ、それによる被害はそれ以前の社会的要因が重なることで拡大する。つまり災害は、発災以前に作られていた社会的な脆弱性が災害因をきっかけに表面化する。この点を強調すれば、むしろ、発災以前の社会の過程のなかにこそ災害が悲惨さをもたらす「深い原因」がある。比喩を使うのであれば、風邪は、ウイルス（＝災害因）がきっかけになるにしても、それ以前の身体のコンディションが悪いとき（「脆弱性」）にこそ、よくかかる。

こうした、現在の災害社会学で重視される見方からすれば、震災以前の外国出身者たちの社会的状況から事態を把握する必要がある。つまり〝遡及的な理解〟が必要なのである。そして、震災以前から東北地方での結婚移民について調査研究してきた、石巻調査のメンバーである李善姫は、まさにこうした〝遡及的な理解〟という観点、つまり、日本人市民／社会と「結婚移民女性」の間の不均衡な力関係という観点――むしろ権力的な関係によって作り出された「社会的脆弱性」――から、「結婚移民女性」の震災時とそれ以降の経験を捉えようとする。

報告書に書かれた事例を三つほど紹介しよう。七十代後半の高齢のオールドカマーで、エスニック料理店や特定エスニックに偏った産業に関わっていたFは、「小さい時から日本のあちらこちらを移動しながら生活をしてきた。幼少時代に病気で足が不自由になり、小学校も途中でやめた。そのため、Fは漢字の読み書き能力が非常に低い。最終的には、兄弟を頼りに石巻で定着し、家を構えたが、配偶者や子どもたちともいい関係を作れず、今は一人で仮設に入居している。若い時に認定された労災年金をもらっているが、仮設住宅の退去後、身寄りのないFが労災年金だけで生活できる場所があるかどうか今後が心配である」[7]。

また日本生まれ韓国籍の女性Gは、「石巻に住む日本人の母と韓国籍の父の間で生まれた。しかし、実父に認知されないまま、両親はわかれ、彼女は無国籍のまま三十六年間を過ごした。三十六歳の時に、やはりこのままではいけないと思い、実父を見つけて韓国国籍を取得した。Gは、母の実家で中学までは通ったが、それ以上の進学は不可能だった。無国籍であることが、彼女の人生に付きまとい、その不利益から脱皮するため、早めに結婚した。しかし、最初は優しかった義理の母も、ちょっとしたことがきっかけに「無国籍の人をお嫁に入れてあげたのに」と無視し、配偶者からは暴力を受ける。何度も家出をして、シェルターに入ったこともある。離婚を申し出ても、配偶者は応じてはくれなかった。配偶者の暴力で前歯を失うほどだったが、警察さえも自分の味方ではなかった。震災をきっかけにようやく離婚は成立したが、彼女には住む家も仕事もない状況で、友達の家を転々としているうちに所持金もほとんどなくなっていた」[8]。なお、彼女はその後、被災者支援センターのメンバーが市役所に掛け合うことで、仮設住宅に入居することができた。

研修生として二〇〇三年に来日し、〇六年に職場で知り合った日本人男性と結婚したC（四十代）は、「結婚後も、石巻の水産加工会社で働き続けてきた。彼女には、本国に残した子どもがいて、生活費を送金する必要があったためである。ところが、配偶者はCさんに日本語を学習する機会をまったく与えていなかった。Cの配偶者は、若い時にCの出身国に滞在したことがあり、Cの母語を多少とも話せたのである。しかし、Cが日本語を知らないことを弱みに、夫は毎月のお金を要求し、必要なものを頼まれる時にもお駄賃を要求した。Cにとって、日本で生活するために夫の存在は絶対的であり、彼に逆らうことはできなかった。そんなCに転機として、震災が起きた。（略）震災後、出身国からの義捐金関係で、自分と同国出身者とも繋がることができた。日本政府からの義捐金は、配偶者が何の相談もなくひとり占めした。今まで自分が配偶者に不当に利用されていたのが分かったCは、離婚を決心した。そして、日本語を習い始めた。Cのケースは、日本人の配偶者によって意図的に孤立させられていた側面が大きい。そのほうが、日本人の夫からすれば、扱いやすかったわけである。単純労働だけが要求される水産加工工場においても、日本語を学ぶ機会の提供はなかったということである(9)」。

　これらのケースでは災害は三・一一の前にすでに始まっている。つまり、学歴の「不足」や身体的な障害（F）、長期にわたる無国籍状態（G）、日本人配偶者の横暴（C）などによってすでに「脆弱な存在」にさせられていたために、震災がこうした人たちに重くのしかかるか（仮設で独居生活をするFや友人の家を転々としているG）、人生を大きく変容させたのである（離婚を経験したC）。

　注意すべきなのは、これらのケースに見られる「災難」は人生の途上で起こった出来事だとはいえ、その背景には社会の「構造的暴力」と呼ぶべきものが先在しているということである。Fのケースでは足のけがが学校をやめるきっかけになったのだが、私自身が聞き取った話では、彼は当時、朝鮮人であることを理由にした常習的な「いじめ」にあっていた。この場合、そのいじめは、いじめた当人とFの関係で起こった個人的な出来事というよりは、「朝鮮人」に対する社会的な視線とたまたまその「朝鮮人」の一人だった彼の間で起こった「社会的な背景」をもつ出来事である。その「いじめ」がなかったのであれば、はたして「身体の障害」が学校をやめる理由になっただろうか。

Cのケースでは「日本人配偶者の横暴」が問題だったが、むしろそうした横暴さがなぜ可能なのか、と問う必要がある。それは個人の性格に起因するのだろうか。横暴さの「資源」になっているのは何なのか。「裕福で先進国である日本の男にして我が家のアルジ」という自己に対するひそかな意識と、それに対応する「後進国のアジアの女にして我が家のヨメ」という配偶者に対するひそかな意識がなければ、彼が仮に横暴な性格だったとしても、その横暴さを現実に行動に現すだろうか。こうした意識は彼の独自の「発案」によるものではないだろう。個人の暴力とそれによる被害の背後には、「構造的暴力」が先在している点は見逃すべきではないだろう。[10]

さらに、構造的暴力という言葉で示唆したいのは、これらの「(作られた)災難」から彼/彼女らを救うことができる機関やネットワークが十分に機能していない、という点である。在日二世のFにとって学校は決して救済機関として意識されてはいなかった。無国籍状態だったGや「嫁」に入ったCにとってそもそも自分を救う機関があり、それを利用することが権利だと信じることは容易ではなかっただろう。救済機関へのアクセスの可能性を遮蔽する力もまた構造的暴力の一つなのである。

しかし、外国出身住民の脆弱性とそれを作っている社会の構造的暴力、特に結婚移住者に関しては、さらにもう一つのコンテキストも補っておく必要がある。

結婚移住という形態がこの地域で広く見られる背景には、すでに論じたように地域の「嫁不足」

という問題があるが、これは日本全体の少子高齢化と人口減という問題の系列の一つであることは明白だ（「先進国」といわれる国々に共通の現象だが）。それが被災三県を含む東北地方で深刻化しているのは、長いタイムスパンで考えれば、日本の近代化過程での地域間の不均衡な発展に原因がある。端的にいって、この地で実際に生きていくために必要な働き口は限られている。注意すべきなのは、この周知の事実が不均衡な近代化のプロセスとの関係で生じた問題として理解されることはまれである、ということである。震災以降、東北地方への訪問者を増やすことを目的に、この地域の魅力として「心の温かさ」や自然と人の暮らしの調和などがメディアでしばしばクローズアップされるが、東北の柔和な表情の「おばあちゃん」が縁側でお茶をすするような表象に人が「ほっこり」するとき、不均衡な近代化のプロセスも、その受益層も盲点化されてしまう。

こうして自然化／宿命化され、不可視化された不均衡な近代化のプロセスの果てに、地域の「脆弱性」が作られ、この脆弱性を補うシステムの一端として「外国人花嫁」は機能している、というのが〝遡及的な理解〟から得られる全体的構図である。ここで想起してほしいのは、冒頭で紹介したYさんのケースでは、当人が夫の父＝「東北のおじいちゃん」の世話をすることが「心の病」で難しくなったとき、Yさんの娘が韓国からやってきて、その代役を担っていたことである。これは「自然」なことだろうか。美談の一つだろうか。そして「ローカルな問題」だろうか。〝遡及的な理解〟から得られる答えは何だろうか。

外国出身住民の（なかのある人たちの）生を脆弱なものにしている構造的暴力には、さらに地域を脆弱なものにしてきた社会的プロセスが先在しているといわなければならない。

3　長く続く非常事態とレジリエンス（回復力）

最後に、こうした状況を改善するためには何が必要か、という問題について考えたい。これに対する典型的な答えは、排外的態度を改善するための人権意識の啓発活動や外国出身住民のための支援システムの整備、その必要を説得的に示すための外国出身住民の生の困難の可視化である。しかし、注意すべきは、考えられるこれらの典型的な答えは、三・一一以前の社会全般、あるいは大震災によって決定的な影響を受けてしまった地域以外でも妥当するだろうものだ、ということである。はたして、そうした典型的な方法のほかに、被災地域での有効な改善法はないのだろうか。

私がこのような問いを立てるのは、ある違和感があるからである。その違和感とは、震災以降のこの地域の「外国人問題」を考えるとき、それ以前からこうした問題について論じたり関心をもったりしてきた人たちがしばしば、私が第2節で示したような側面、すなわち、特に震災直後に見られたような「災害ユートピア」的な側面については軽視する傾向があるように思われる点である。

第2節で見たように、確かに社会的に蓄積された脆弱さが災害によって深刻化した側面は否めないし、軽視すべきでもない。特に復興のプロセスでは、あるところではいわば「復興時ディストピア」ともいうべき事態が出現している。この文章を書いている二〇一三年の冬の時点では、被災地域でがれき撤去の作業がほぼ終了しつつあるが、これに伴い、その作業に従事していた多くの外国出身女性たちのその後の就業が大きな不安材料になっている。復興が進み、通常のシステムに戻っていくプロセスで彼女たちが就労の機会をうまくつかむことができるか、明るい予想は立てにくいのが現状である。災害以前に蓄積された脆弱性が復興期の「ディストピア」を準備していることも事実である。しかしその間に差し挟まれた「災害ユートピア」は、ただ悪夢のような時間に閃いた一瞬の夢にすぎないのだろうか。

三・一一以降の近代的な社会システムが全面的に中断していた時間、その特異な歴史的瞬間に被災地の外国出身者は、何より生存のための協働の担い手になっていた。その未曾有の協働の経験は、確かにあるところでは、従来の日本人住民と外国出身住民の間の関係をダイナミックに変更させてもいる。

最後に、もう一度Yさんの経験に戻ろう。彼女の夫は、震災後Yさんに、仕事を辞めてこの地を離れようと提案している。夫は彼女に中国で暮らせないか、ともちかけたのである。しかし、彼女は夫に、自分は食堂でも何でもできる、しかし、あなたは中国の生活になじめないだろう、ととどまるように説得した。

こうしてとどまることになったあと、夫は次に、カキ養殖をおこなうかどうかをめぐって彼女と協議した。彼にその気はなかったが、彼女はおこなうことを主張し、夫はこれに同意した。彼女の考えは、経済的な観点からすれば明らかに不合理だった。その時点ではまだカキを出荷するために必要な作業をするカキ小屋もできておらず、販路もなかったからである。しかし、「何もしないよりは、何かしたほうがいい」というのが彼女の考えだった。あえて勝手な推測をするならば、非常事態を生き抜いてきた彼女には、何を捨て、何を取るのか、その覚悟を伴った決断をくだす特有のセンスがその身に備わっているように私には思われる。

こうしたエピソードから透けて見えるのは、夫も彼女も、従前の社会的な習慣が規定している「男」「女」や「家長」「ヨメ」という役割からはすでに逸脱しつつあるということである。逸脱し、おそらくはこの夫婦にとってもっともふさわしい関係性に変貌しつつある。両者にとって外在的な社会的な力は後退し、それぞれの生の歴史のなかで培ってきた力や感性が前面に現れ、むしろ、それによって二人の関係性が規定されてきている。こうしたことが起こっている背景には、その場所では依然として非常事態が続いているということがある。こうした状態にあっては、役割を規定する通常の社会習慣に沿うことはむしろ生を危機にさらしかねない。

未曾有の協働の経験は、この地が長く続く非常事態のなかにある以上、あの瞬間を超えて、引き継がれていく可能性がある。もちろん非常事態は安定した社会関係に回帰することが望まれる。問題はその回帰が非常事態でのダイナミズムを通ってなしとげられるか、忘却によってなしとげられるか、である。このダイナミズムを資源として、あるいはレジリエンス（回復力）として捉えることができるのなら、状況を改善するために求められるのは、このダイナミズムを保証するようなかたちを模索することではないだろうか。

注

(1) 郭基煥「災害ユートピアと外国人——あのときの「共生」を今、どう引き受けるか」「世界」二〇一三年二月号、岩波書店、参照

(2) 東北学院大学郭基煥研究室・外国人被災者支援センター編『石巻市「外国人被災者」調査報告書二〇一二』(東北学院大学郭基煥研究室・外国人被災者支援センター、二〇一二年)、外国人被災者支援センター編『気仙沼市「外国人被災者」調査報告書二〇一三』(外国人被災者支援センター、二〇一三年)を参照。

(3) もちろん実際に往々にしてそうしたケースもあり、この点を軽視することはできない。詳しくは第2節で扱う。

(4) レベッカ・ソルニット『災害ユートピア——なぜそのとき特別な共同体が立ち上がるのか』高月園子訳、亜紀書房、二〇一〇年

(5) 前掲『石巻市「外国人被災者」調査報告書二〇一二』四ページ

(6) 同書四ページ

(7) 同書三二—三三ページ

(8) 同書三三ページ

(9) 同書三六ページ

(10) もっとも、このことを強調するのは、当人の責任や問題をあいまいにするのが目的ではなく、その構造的暴力を実際におこなわないとはいえ、それに対して無関心であるかぎりでは、当人以外の人を含む社会全体に「責任」があることを示すためである。

第8章　三・一一から考える在日ブラジル人の災／生

アンジェロ・イシ

はじめに——震災と人災

私は三・一一を奇しくも地球の反対側で迎えた。日本在住歴二十三年でサンパウロ出身の「日系ブラジル人三世」、自称「在日ブラジル人一世」だが、二〇一一年三月十一日はフィールド調査のため里帰りしていた。東日本大震災の地震と津波、そして原発事故の第一報は瞬く間に世界中を震撼させたが、ブラジルも例外ではなく、さまざまな情報が錯綜した。私の日本への帰国便は三月末だったが、家族からも友人からも「本当に行くのか、大丈夫なのか」と引き止められそうになったことをよく覚えている。「東京だから大丈夫」と答えて予定どおり「帰って」きたのだが、放射能汚染におびえていたのが本音だった。私には選択肢が複数あるようで、現実としては一つしかなかったのだ。私のマイホームも職場も親友も、もっとも好きなレストランや映画館も、すべて日本にあるのだから。

前置きはこのくらいにしておこう。本章では、シンポジウム「災／生――大震災の生存学」での私の発表をもとに、東日本大震災をめぐる在日ブラジル人の動向や戦略を考えたい。ここでいう「在日ブラジル人」とは日本在住のブラジル人を指していて、ブラジル国籍を有していなくても自らをブラジル人コミュニティの一員として認識している人々をも含めている。周知のとおり、在日ブラジル人の多くはすでに帰化して日本国籍を有し、法務省が毎年発表する「在留外国人」（かつての「外国人登録者」）の統計上では「見えない存在」になっている。

大震災の直後には多くのブラジル人が日本を去ったという報道が目立った。はたしてそうなのだろうか。いうまでもなく、コップのなかに残った水と足りない水、どちらを強調するかによって同じ統計でも違う見方ができる。法務省が公表した統計によれば、二〇一一年の三月から六月にかけてのブラジル国籍者は二十二万五千四十九人から三千八百三十二人少ない二十二万千二百十七人となり、一・七％の減少率にとどまった。そして六月から九月にかけても、二・七％の減少で二十一万五千百三十四人におさまった。すなわち、一〇年末の二十三万五百五十二人から九千三百三十五人減少したということになる。この数字ははたして何を意味するのか。わずか半年のうちに一万人近くもブラジル人が日本を去ったということを強調したがる人もいるだろう。私はむしろ正反対の角度からこの数字を解読していて、「それでもたった一万人しか減らなかったのか」という解釈をしている。

すなわち、地震と津波のトラウマが身に染み、放射能汚染の恐怖を痛感したにもかかわらず、それでも日本にとどまることを選択したブラジル人が二十一万人以上もいたわけだ。実はもっとも大人数が出国したのは二〇〇八年から一〇年で、リーマンショックに続いた雇用危機後なのだ。三十一万人以上いたブラジル人が、リーマンショック後に一気に二十三万人に激減した。日本で発行されているブラジル人のフリーペーパーの表紙を「Adeus Japão」すなわち「さよなら日本」という文字が飾ったのは東日本大震災後ではなく、リーマンショック後だったという事実は象徴的である。つまり、一般的に連想される大震災の「災」ではなく、派遣切りという名の「災」(本当は食い止めることができたはずの「人災」)で多くのブラジル人が失業し、生活の基盤をなくしたのだ。にもかかわらず、多くのブラジル人が日本残留を決断したという事実にメディアも行政関係者も研究者も注目すべきではないだろうか。いずれにしても、当分の間はこの約二十万人のブラジル人が日本社会の構成員として居続けると予想できる。

記憶に新しいように、集団解雇という人災のあとには、二〇〇九年初頭に前代未聞の歴史的な東京そして名古屋での二度のブラジル人とその支援者によるデモ行進が開催され、その先頭では子どもたちが「教育を!」と叫んでいた。また、ほとんど知られていないが、その延長線上で、日本各地のブラジル人のリーダーが東京の駐日ブラジル大使館に結集し、これもまた前代未聞だが、全国レベルの在日ブラジル人のネットワークなるものを結成した(Network Nacional dos Brasileiros no Japão、私が推奨する直訳は「在日ブラジル人全国ネットワーク」だが、日本語での正式名称は「全国在日ブラジル人ネットワーク」として発表された)。そして実はこれが、これからふれる「三・一一」、東日本大震災がらみの活動へと発展していくのだ。

1　在日ブラジル人の国境を超える社会関係

震災をめぐる在日ブラジル人の動向を解読するうえで、それ以前から彼／彼女らが形成してきた社会関係が大きな影響を及ぼすことはいうまでもない。では、在日ブラジル人はこの二十数年間、どのような社会関係を築いてきたのか。これについては一言ですませることはできないが、一般的な傾向の記述が許されるならば、おおむね次のような特徴があるだろう。

まず、入管法（出入国管理法）改正がおこなわれた一九九〇年を機に、日本への「デカセギ」がブーム化した。そして当初は、あくまでもブラジルという母国・故国に基盤を置いて（そして多くの場合、配偶者や扶養家族を残すかたちで）、短期に大金を貯蓄する目的で来日していた。ところが二〇〇〇年代にかけて、「定住化」あるいは頻繁な「往来」が繰り返されることになる。学界でもメディアの報道でも、ブラジル人の定住化を強調する論調や、日本でもブラジルでも浮く存在としての「根なし草」的な要素を重視する論調、さらには「顔の見えない定住化」という言葉まで登場するなど、さまざまな考察が試みられてきた。

ブラジル人と日本人の関係の密度や質についてもまた、これまで膨大な研究が蓄積されてきた。これについても一般論にとどまるならば、大きく分けて「職場」と「地域社会」、すなわち「労働者」としての関係と「地域住民」としての関係がそれぞれ注目されてきた。そしてしばしば指摘されるのは、行政主導の「多文化共生」政策によって「地域社会」でのブラジル人と日本人の関係の改善が促進されてきた一方で、「労働市場」ではブラジル人が使い捨ての便利な雇用の調整弁として利用されてきたということである。すなわち、いざという場合には「派遣切り」されるブラジル人と、それを黙認する日本人との間に対等な関係は生まれにくい、という論理が成立する。むろん、個別の事例を注視すれば、団地の自治会の役員に抜擢されたブラジル人がいたり、職場で日本人の同僚や上司（あるいは部下）と極めて良好・濃厚な関係を築いたりしているブラジル人も珍しくはない。このような関係が、いざ大震災に直面した際に、貴重な資源として活用されうることもまた自明のことである。

いずれにしても、軸足をどこに置くかはともかくとして、在日ブラジル人（あるいは日本に移住した外国人全般）の社会関係を大きく特徴づけるのはその「トランスナショナル」な側面である。これがあとで述べるとおり、大災害の際には日本以外（＝外国）に脱出（＝避難）するという、いわば「外国人」ならではの選択肢を常に保持しているということを意味する（むろん、この選択肢が現実的か、単なる幻想なのかは個々人によって事情が異なる）。

このように書くと、いかにも主導権がブラジル人の側にあるかのような錯覚に陥りがちだが、当然ながら（残念ながら?）、現実はそう甘くはない。複数の構造的な要因が在日ブラジル人の平時・災害時の「生存戦略」を規定・制約してきた。例えば、もっとも単純かつ決定的な要因をあげるならば、多くのブラジル人が日本で不本意な「非正規雇用」を強いられているという点だ。彼らの多くは「職場・職種・職業」に対してまったく未練がない。非熟練労働に従事するうえ、正社員としての安定した職をもつことができていないからには（あるいは、自分の学歴・職歴に見合った仕事に就いていない以上）、いざという場合にはその仕事を手放してもいいと考える者は少なくない。もっとも頼れる（助けを求める関係にある）親友や親族が日本在住の人間だともかぎらない。さまざまな制限が相まって、日本でのマイホーム購入を実現している者はさほど多くはない。よって、災害が起きた際、ただちに日本を去っても「失うものがあまりない」人々は少なくないのである。

他方、私はこの二十数年間、日本でのブラジル人によるビジネス、サービス、メディア、文化活動などの成長に注目してきたが、とりわけエスニック・メディアの出現が災害時に果たしうる役割は絶大だと痛感している。例えば阪神・淡路大震災では、在日ブラジル系のポルトガル語新聞の記者がさまざまな苦難を乗り越えて現地入りし、「ブラジル人生存者リスト」を作成して大きな反響を呼んだ。具体的には、避難所やブラジル人が多数勤める工場や居住する住宅街を見つけ出して、無事が確認できた人々の名前をメモし、ブラジルに向けて情報発信したのである。当時は国際電話やインターネットでの連絡がいまほど簡単にできなかったため、ブラジルにいる各家族は情報に飢えていて、この生存者リストがブラジルのマスメディアで公表されることによって大きな役割を果たす結果となった。

以上のように、ブラジル人同士の関係（エスニック・コミュニティの形成）や、ブラジル人と日本人の関係（エスニック・マイノリティとマジョリティ社会の接点）など、多角的な視点から在日ブラジル人の社会関係や大震災時での生存戦略を論じることが可能である。

2 「災」に続く「生」の声

冒頭で強調したとおり、在日ブラジル人の減少の歴史で草分け的な出来事になったのは、複数の震災以上に、二〇〇八年以降の数万人単位の失職という「人災」だった。雇用危機後は、エスニック・ビジネスとエスニック・メディアが萎縮し、コミュニティの各業界がデフレスパイラルに陥った。そして閉業した商売は数知れず、さらにはそれまで発行されていたエスニック新聞二紙（私はかつてそのうちの一紙の編集長を三年間務めたこともあり、思い入れがあった）が〇九年、一〇年と立て続けに廃刊になり、伝統的なエスニック・メディアが全滅した。そのために、これもまたこのあと説明するとおり、三・一一の直後にブラジル人がいち早く信頼できる情報を収集するうえで、大きなハンディを背負うことになってしまった。したがって、ここで二つの「災」がつながってくる。〇八年のいわゆるリーマンショック後の派遣切りによるコミュニティの各業界のデフレスパイラル、というか萎縮というものが、三・一一後の日本でのブラジル人たちの不便さ、いうなれば困り具合、悩み具合にもろに大いなる影響を及ぼしたという点は、意外にも見落とされているのではないか。

派遣切りによる精神的・経済的な傷がようやく少し癒え、生計も立て直して安堵感が広がり始めた矢先に、いわばダブルパンチのようなかたちで日本のブラジル人コミュニティを襲ったのが三・一一だった。これはブラジル人にとっての日本でのサバイバル戦略のなかで、二度目の「日本かブラジルか」を問う難問として捉えられた。

リーマンショックと三・一一ショックという二つの試練を経て、それでも日本に居残ることを選んだブラジル人の間では、ある種の日本への「忠誠の誓い」とも呼べるような意識の共有が垣間見られた。これについては、私が大学のゼミ生たちとともに、三・一一をテーマに在日外国人、特にブラジル人を多くインタビューしてまとめた『二十一人の選択(1)』という報告書があるが、そこからいくつかピックアップしてみる。彼らの語りをそのまま、あえて標準語に修正せずに掲載している。

それでは「災」に続く「生」の声に耳を傾けてみよう。

「良い時は私、日本住んでいたいです。悪いときも日本住んでいたいです。やっぱりみんな一緒じゃないですか」

「三・一一を機にブラジル人コミュニティがもっとまとまった。気持ちが一つになったと感じる。私は日本が大好き」

「自分がここ(日本)から帰らないといけないとか、心境の変化があったか？　それはいっさいないですね」

「政府がどこまで本当のことを言っているかわからない。どこまで安全か心配か、はっきり分からなかった」

「今はまだちょっと防災の準備できていない。日本人はいつ(地震が)起こるかそればっかり。そんなこと気にしていたら楽しくない。三月十一日の夜はよく寝れなかった。だって寝て朝起きたら、子どももいないかもしれない。どうしよう、どうしよう、それしか考えなかった。もうみんな一緒にいてね、テーブルの下で寝た。最初はそうだった。もう普通の生活している。でも地震が起こったときの段取りはできてる。何かあったら自分のことを守りなさい。ママは後でいいからって」「ずっと祈りを捧げていました」「ボランティアで活動している人っていうのは、だいたいみんな一緒だと思うんだよね。津波の後、瓦礫の山を見て、困ってる人を見たら、やっぱり自分は何かしないといけないと思って、そういう気持ちで動き始めたのね」

ちなみにこの最後の発言は、三・一一後に被災地に通い詰めた、もっとも有名な在日ブラジル人のボランティア活動者の一人が発した言葉である。日本への忠誠の誓いとも呼べるような意識の共有が、いち早く被災地に支援物資を持っていく人を筆頭に、在日ブラジル人の間でも震災ボランティアのブームにつながったと思われる。

3 「がんばろう日本」に仲間入りできるか

三・一一の直後、駐日のブラジル大使館は極めて冷静に東京に残留した。フランス政府やアメリカ政府のような東京大脱出作戦は見られず、よくも悪くもブラジル大使館はとりあえず日本政府を信じた。「日本政府が普通に東京で活動を続けるのであれば、われわれもそのようにする」というスタンスのもと、二十四時間体制の緊急ホットラインでさまざまな在日ブラジル人の問い合わせに

写真1　震災ボランティア活動「ブラジル・ソリダリティ運動」の様子

答えた。

東日本大震災では、ブラジル人の犠牲者、つまり死者も負傷者もおらず、いわゆる住む場を失った避難者もあまりいなかった。とにかく、その地域にはあまりブラジル人は住んでいない。にもかかわらず、ボランティアのうねりが高まったというのが注目点である。しかもボランティアの対象の国籍を問わず支援活動の輪が広がったという点が重要である。

そんななか生まれたのが、官民の協働型の震災ボランティア活動「ブラジル・ソリダリティ運動」(Movimento Brasil Solidário) だ。東京のブラジル大使館や領事館側の動きと、愛知県・静岡県・神奈川県など日本各地に住む個人もしくは団体ベースのブラジル人たちの活動がなかば同時多発的に始まり、わりと早い段階で官民が連動して、いろいろな活動が展開された。

例えば、南三陸の「福興市」でいわゆるブラジルの音楽とダンス、サンバのパフォーマンスを披露したり、支援物資をあらかじめ集めてそれを届けたり、ブラジル風のバーベキューであるシュラスコ料理を作って、その売り上げをそのまま地元に寄付するというような活動があげられる。

このボランティアのなかには大使館のキャリア組のエリート外交官もいれば、工場で働いているブラジル人労働者も交じっている。また神奈川県横浜市鶴見区に在住するブラジル人の子どもが菓子をブラジル国旗のシールが入ったパックに入れてラッピングし、それを南三陸で配ったりもした。そして東京の代々木公園で年に一度開催される「ブラジリアン・デー」というイベントでもブースを設けて、活動を紹介する写真を展示し、さらなる寄付をつのるというような展開が見られる。

運動のリーダーたちはそれらの活動報告を、先ほどふれた全国レベルの在日ブラジル人ネットワークの定例会議の場でするのだが、ブラジル・ソリダリティ運動の主体となるリーダーたちと、以前紹介したリーマンショック後に立ち上げられた全国の在日ブラジル人ネットワークのリーダーの多くはつながっていたり、同一人物だったりする。皮肉にも、雇用危機という「災」に立ち向かうために「生」まれたリーダーたちが、三・一一という「災」の諸活動で「生」かされてくるわけだ。

写真2　フリーペーパー「alternativa」の特集「がんばろう日本」

ところで、冒頭で紹介した、「さよなら日本」という意味のポルトガル語が表紙を飾ったブラジル人向けのフリーペーパーが、三・一一後にどのような表紙を作ったのかに着目してみる。真っ白な背景に真っ赤な太陽が描かれる日の丸をモチーフにしたシンプルなデザインに、「がんばろう日本」というふうに日本語の文字を綴っている。この表紙はそもそも何を意味するのか。これは日本語話者というか日本人がこの言葉を発しているのではなく、在日ブラジル人によるポルトガル語雑誌でわざわざ「がんばろう日本」と日本語で書いている。それはつまるところ、自分たちも同じ日本社会の一員として三・一一後の復興に向け、日本を何とかしたいという思いを共有している「仲間」として（日本人に）認めてもらいたい、仲間入りさせてほしい、そういう気持ちの表れにほかならない。つまり、ブラジル人だから、あるいは外国人だからという理由で、「がんばる」ことが期待される「チーム日本」から排除されたくないという意思表示だと私は捉えている。

在日ブラジル人の大多数が日本にルーツをもつ「日系」であることは周知のとおりである。ブラジル人の代表的な集住地である静岡県浜松市に在住するブラジル人コミュニティリーダーによる三・一一後の活動は、日系人ならではの特徴が目立つ。興味深いことに、もともと福島からブラジルに移民した日系人の子孫としてブラジルで生まれ育った人が一九九〇年の入管法改正に伴って来日し、静岡県浜松市に根を下ろして、そこでブラジル系の食品製造販売というビジネスで成功しているのだが、その彼が被災地でボランティアをしようと考えた際、あえてブラジル・ソリダリティ運動関係者の大多数が向かった宮城県ではなく、原発事故と放射能汚染の恐怖で誰も行きたがらない福島県にキャラバンを組んで出向いたのである。彼から聞いた説明によれば、それは自分の先祖が福島県からブラジルに移民しているので、やはり福島に対する思いが強いからだという。原発の災いは、彼の「福島県民意識」あるいは「日系人意識」を覚醒させたのだ。

4　外国人集住地の平時と災害時

シンポジウムでは、私の発表に対してある参加者から怖い質問があった。例えば、A県B市のようにブラジル人が集住する地域で大震災が発生した場合、シンポジウムで出たキーワードの一つである「災害ユートピア」的な日本人と外国人との助け合いが想定できるのか、それとも住み分けのような状況になりそうか、つまりどのようなシナリオが想定できるかという趣旨の質問だった。この質問の何が怖いかといえば、一般論を述べるならば、災害という非常事態で何が起こるかというのは、当然ながらその地域の「日本人」とそこに住み着いた「ブラジル人」との日常的な関係の良好ぶりがもろに反映されると考えられるからだ。その意味でいうと、具体的な場所としてあげられた地域は、普段からさまざまな種類の爆弾を抱えている地域である。だからあまり考えたくないことではあるが、そこで大震災が起こった場合、はたしてどういう展開になるのかが不安であり、未知数だというふうに答えざるをえなかった。「災害ユートピア」からはほど遠い展開にならないことを素直に祈るばかりだ。普段からの確執や傷が災害時にどのようなかたちで副作用を起こすのか、あるいは逆に癒やされるのかが、気になるところである。

話題にあがったこの地域は、一方で多文化共生政策の先進都市でもあるが、こういう地域での災害に備える準備は当然ながら通常の「防災訓練」ですむはずはなく、住民に対する各種の「意識啓発」が必須になる。また、各エスニック・コミュニティの特性に目配りする必要もある。例えば、これまで各地で大震災が発生した際には、ブラジル人の多くは避難所には向かわず、自分の車のなかに避難していたそうだ。それゆえに、支援物資やさまざまな情報が十分に届いていなかったという。「言葉の壁」や「文化の違い」は、被災という究極の場面では、想像以上の現実味を帯びてしまうものだ。

5 世界からの支援とは!?

ところで、東日本大震災後にはやった言葉の一つに「世界からの支援」というのがあったが、私はこの表現に対する違和感を拭えない。先ほど述べたような一連のボランティア活動では、行くところ行くところ、地元の人たちは感謝の言葉を述べるのだが、問題はその感謝の表現の仕方にある。例えば、地元のリーダーたちはどういう言葉を発してきたかというと、日本のメディアでも目立った言説だが、「世界からの支援」「海外からの支援」「ブラジルからの支援」に感謝する、と表現している。これは誤解である。前述した活動は、ブラジルから、海外から、世界からやってきた支援ではない。すべて日本国内からやってきた、つまり愛知県とか静岡県とか神奈川県に住んでいるブラジル人たちがそれこそ夜通し運転して東北に駆け付け、日本で稼いだ金の一部、貯金の一部を寄付し、そして日本で生活するなかで購入したものを支援物資として届けているのである。すべて日本発、日本社会の一員としてのボランティア活動なのだ。それがなぜか、いまだにそれを受ける側、そしてそれを伝えるメディアの報道でも、「海外からの温かい支援」という言葉で一括りにされている。これは何を意味しているのか。もう二十年以上日本に根を下ろしているブラジル人がこれだけ多くいるのに、それだけ大勢の人間が日本に定住、あるいは永住しているのだという事実そのものがいまだに日本社会で広く知識として共有されていないということを象徴する誤認である。

ここで、「国内」に共生する、同じ社会の一員である外国人が各地から結集していたのだということをあらためて強調したい。よくよく考えてみれば、遠いブラジルからやってきた人々だと勘違いされてしまう余地をひょっとしたらブラジル人の活動者自身が与えてしまっている可能性もなきにしもあらずなのだ。なぜなら、被災地で配られるお菓子もそうだが、例えばブラジルの国旗の色や絵柄など、わざわざブラジル的な記号を取り入れている。そういうブラジル的な要素を目立たせるやり方で、被災地で活動をしている人たちが非常に多い。これは何も大使館とか政府からの要望ではなく、民間人が自発的に、派手に、好んでそれをやっている。つまり彼らにとって震災ボランティアの場と時間は、日本への忠誠と同時にブラジル人としてのプライド、ある種のナショナリズムの表出のようなものをアピールする機会にもなっている。例えば、複数のボランティア関係者から私は同じような言葉を聞かされたのだが、彼らは誇らしげに次のように主張する。多くの日本人が何も手を差し伸べず動こうとしないなかで、自分たちがいちばん早く、そしていちばん積極的に動きだし、現地に乗り込んでいろいろ活動してきたんだ、と。もちろんこれを深読みするならば、普段から日本社会で見下されている、あるいは少なくとも見下されているというように感じていることに対する自己主張だといえなくもない。

もちろん、新聞やテレビで「国内在住の外国人がボランティアをした」という視点の報道がまったくなかったわけではない。なかでも私が感銘を受けたのは、日本テレビ系列で全国放送された『NNNドキュメント3・11大震災シリーズ4　家族を守れ〝神様のバス〟』[2]というタイトルの番組だ。これは、いち早く被災地に出向いたブラジル人であるサイトウ・トシオさんの活動紹介である。彼はバスを所有していることから、東京のブラジル大使館の要請を受けて、被災地から脱出したいブラジル人を迎えにいったのだが、結局彼は日本人を含む複数の国籍の人々を救出した。支援する相手はまさに多国籍であって、救われた一人であるバングラデシュ人女性が「これは神様が送ってくれたバス」と表現したことから、この番組のタイトルが決まったという。

しかし、これについては、あまりうれしくない後日談が一つある。これは在日ブラジル人の三・一一をめぐる考えの多様性を象徴する出来事でもあるのだが、サイトウさんの一連の活動に対して、また先ほど紹介した官民協働型のブラジル・ソリダリティ運動全体に対しても、ネット空間で在日ブラジル人がよく利用する掲示板やサイトのコメント書き込み欄などを中心に、少なからぬバッシング投稿が飛び交った。非難の内容については、これらの活動を「売名行為」と一蹴するものが目立った。ボランティアをちょっとすることによって、名声を得ようともくろんでいるのではないかという批判が、同じコミュニティのなかから湧き出てきたのである。

6　トランスナショナルな戦略

次に取り上げたい話題を私は「トランスナショナルなソリダリティの可能性」と名づけてみたが、これはソリダリティだけでなく、国境を超えたセイフティ・ネットワーク構築の可能性をも含めている。三・一一で私が注目したのは、日本に住むブラジル人に対して、在外ブラジル人、つまりディアスポラ的に世界中にブラジル人が移住しているなかで、各国のブラジル人から支援を申し出る声があがったり、自分が住む国のメディアで原発がらみのこういうニュースが出ていたぞ、という調子で情報を共有する動きなどの輪が広がったという点である。例えばアメリカ在住のブラジル人から、もし東日本大震災で住む場所を失った被災者がいれば、サンフランシスコまで来てくれればアパートを提供できる、というような申し出もあった。

次に、メディアというか情報を中心とした話題だが、在日ブラジル人の間では阪神・淡路大震災時ほどの情報不足は見られなかった。しかし、信頼できる良質な情報に限っては、三・一一でも依然として不足した。それを私はこれまで「情報不足」ではなく「情報過多」という言葉で表現してきた。つまりあまり役立たない、むしろ翻弄される質の悪い情報が多すぎるという意味での情報過多を問題視しているのである。三・一一は、ブラジル系のコミュニティメディアによるジャーナリズム機能（情報提供機能）がもっとも弱体化した時期に発生したというのが悲劇だ。学歴、肩書、身分、経済力を問わず、さまざまな階層の在日ブラジル人がそういう意味では（カギカッコつきの）「情報弱者」状態になった。「Facebook」「Twitter」などのSNS（ソーシャルネットワーキングサービス）は私から見れば諸刃の剣であり、情報の質が問われるということを痛感した。

ブラジル人に関する知識が不足するという意味では、いわゆる（カギカッコつきの）「日本人住民」「地域住民」と呼ばれる人たちも「情報弱者」になったといえる。つまり、在日ブラジル人の存在そのものがまだ十分に認知されていないのだから、メディアにも行政にもその点が課題として残されている。

7　押し付けられる危険な仕事

最後に、ある恐ろしい求人広告を紹介したい。それは原発での作業のためにブラジル人を大募集するものだが、冒頭で「大募集、日当三万円、一日二時間だけ働けばいい、福島で」というふうにうたっている。仕事内容はポルトガル語でLimpeza de entulho、すなわち、がれきの撤去と説明されている。ところが次の行に、ほとんど読めない小文字で何と書かれているのかといえば、「ただし福島原発の二十キロ圏内」。ここで苦笑してしまうのは、同じ募集の下のほうに、これも福島だけれど、日当がわずか一万円から一万二千円にガタ落ちする同じくがれきの撤去の求人募集があり、ただしそれは福島の「Local seguro」、すなわち「安全な場所」……と書かれている。つまりこれは、募集している派遣会社がある意味では自白している――こちらが安全な場所ということは、先ほどの仕事が「安全でない」、命が危険な、身体によくない仕事だということを自白しているも同然である。このような募集が平然とエスニック・メディアでなされていることは、いろいろな意味で問題を含んでいる。なかでも最大の問題は、平時に3K労働を強いると、震災復興でも同じく「きつい、きたない、危険な」作業を「外国人労働者」と称される人たちに強いることになるのであって、これはやはり負の連鎖だと思われる。なぜしわ寄せが結局はこの人たちに行き着くのかというのが課題であり、この負の連鎖をわれわれは何とか断ち切らなければいけない。そしてこれは何も三・一一に限った話ではない。

写真3　福島の求人募集

この募集をめぐっても、実は後日談が一つある。日本在住ブラジル人のコミュニティのリーダーたちがいち早く動いて大使館にプレッシャーをかけ、それを受けた大使館がこの業者に電話を入れた結果、募集そのものが打ち切りになった。ところが、皮肉にも、今度はその行動を起こしたリーダーや大使館がバッシングの対象になったのだ。つまり、一部のブラジル人からすれば、そういう余計なお世話をするな、人々はみんな大人なのだから、自己責任で判断すればいいだけのことだと。ただでさえリーマンショック以降は仕事が見つからないなかで、こういうおいしい仕事、短期に大金が稼げる仕事があるのに、そういう就職口をつぶしてしまうのは不本意な横やりだという論調なのだ。冒頭で述べたとおり、在日ブラジル人の多くにとっては、「雇用危機」こそが東日本大震災以上に「生」を脅かす「災」だったのであり、福島原発での健康に有害な仕事でさえも、失業という「災」から「生」き返る機会として捉えられたようだ。

やはり在日外国人の「生存戦略」や、彼らの「支援」をめぐる理想と現実が一筋縄ではいかない複雑な課題であることを想起させる象徴的な出来事であり、われわれにとって重い宿題としてのしかかっているのだ。ただ、ここで一点、見逃してはならないのは、原発の求人募集に抗議したリーダーたちは、リーマンショックの雇用危機後に生まれ、三・一一後にブラジル・ソリダリティ運動の主体にもなった在日ブラジル人全国ネットワークのリーダーたちだったという事実である。こういうネットワークの強化を促進・支援することは平時と災害時の両場面で有意義であり、これを含めた広義の「防災」を目指す制度設計は、移民の送り出し国と受け入れ国、そして官民を問わず、多角的アプローチで担うべき責務である。

注

(1)『二十一人の選択——語られなかった3・11』武蔵大学社会学部メディア社会学科アンジェロ・イ

シ研究室、二〇一二年

(2)『NNNドキュメント 3・11大震災シリーズ4 家族を守れ〝神様のバス〟』日本テレビ系、二〇一一年

参考文献

アンジェロ・イシ「在外ブラジル人ディアスポラとメディア――テレビとそのオーディエンスのトランスナショナルな戦略を中心に」、「特集 多文化社会とメディア」「マス・コミュニケーション研究」第七十九号、日本マス・コミュニケーション学会、二〇一一年、六三―八四ページ

アンジェロ・イシ「在外ブラジル人としての在日ブラジル人――ディアスポラ意識の生成過程」、日本移民学会編『移民研究と多文化共生――日本移民学会創設二十周年記念論文集』所収、御茶の水書房、二〇一一年、二三一―二五一ページ

アンジェロ・イシ「在日ブラジル人とメディア――大震災が浮き彫りにした複雑な関係」、鈴木江理子編著、駒井洋監修『東日本大震災と外国人移住者たち』(「移民・ディアスポラ研究」第二巻)所収、明石書店、二〇一二年

第9章　田舎はなくなるまで田舎は生き延びる

立岩真也

1　これまで

震災についてさまざまな研究がなされ書かれてきたし、これからも書かれるべきだし、書かれるだろう。他方、私自身は何事もできたわけではないが、いくつかの短文を書いてはきた。そこに記したことをまず簡単に紹介しておく。すべてウェブサイト上で読めるので、興味があったら読んでいただければと思う。次に、それがこの章の本体ということになるのだが、金の使い方について、特に「田舎《いなか》」のことを念頭に置いて少し考えてみようと思う。災害があってもなくても、何にどのように金を使うのか、そうしたまったく基本的なことが問われていると私は考えている。

先にふれた私の短文は四つある。「考えなくてもいくらでもすることはあるしたまには考えた方がよいこともある」[1]「まともな逃亡生活を支援することを支持する」[2]「後ろに付いて拾っていくこと＋すこし」[3]「災厄に向う」[4]である。ウェブサイトにあるから繰り返す必要はないが、簡単に紹介しておく。

私たちがあの地震のあとに始めたのは、（特に病気や障害がある人に関わる）情報を集めてウェブサイトに掲載し、それをまた紹介するといったことだった。震災において、また震災に対して、情報を集めるぐらいのことはしたいと考えていた。いくらかのことはした（してもらった）が、なかなか続かない。その紹介の紹介は先の短文のいずれでもしている。またほか（生存学研究センターのメールマガジンなど）でもしている（そのほか、こちらでおこなったことについては本書の「はじめに」でもで紹介している）。

そしてそれらとも関わって、現地で障害者・病者がどのようであった／あるのか、またどのように行動を起こし、続けているのかについても少し書いた。東北で／東北に向けて活動をしている人たち、それを支援している人たちには、それぞれの過去があり、過去からのつながりがある。それは、この約五十年近くの、さらに阪神・淡路大震災後の障害者運動の継承・展開によって支えられているところがある。関西からも人が行き、阪神・淡路大震災を契機に立ち上がった金を集め配る団体（ゆめ風基金）が一定の役割を果たしている。これらについて「考えなくてもいくらでもすることはあるしたまには考えた方がよいこともある」で少し、「後ろに付いて拾っていくこと＋すこし」では紙数が与えられたのである程度細かに書いて、「災厄に向う」でも短く繰り返した。そしてそこでは、これは本章の「本体」にも関わることだが、こんなときであっても、あるいはそんなときであるからこそ、必要な助けを得て住みたいところに住めることが主張されていること、そのためにその人たちが動いていることを紹介した。

加えて「考えなくてもいくらでもすることはあるしたまには考えた方がよいこともある」では、「近さ」「悲惨」からものを言っていく、考えていくことについて、それはまことにもっともなことではあるが、その難点・限界についても思ってみることが必要だと述べた。それは私がずっといっていることの繰り返しでもある。私が最初の（そして最後の）まともな調査をしたとき（それが安積純子／尾中文哉／岡原正幸／立岩真也『生の技法』[5]になった）に感じたことでもあった。誰かと「友達」にならなければ、何かを、例えば悲惨さやあるいは魅力を与え示さないことには生きられないのはおかしいと、家を出て施設にも入らずに暮らす障害者たちに言われて、それはもっともだと思った。このことも本章の本体に関わっている。

また「まともな逃亡生活を支援することを支持する」――精神医療関連の雑誌や本を出している出版社の刊行物に掲載された――では、心理面での支援をまったく肯定しながら、しかしその支援をしている人たち自身がよくわかっているように、そのうえで実際におこなわなければならないことがある、でなければ、いつものようにその支援は「アリバイ」としてしか機能しないという当たり前のことを述べた。

そして「考えなくてもいくらでもすることはあるしたまには考えた方がよいこともある」「災厄に向う」――後者は日本学術会議の雑誌に掲載された――では、確かにこの国でもなくはなかった科学論・科学批判についての検証がなされるべきだと述べた。例えば、ある国立大学の大学院で関連の企画に呼ばれて話をしたおり、高木仁三郎という人の名を知らない人の割合が大変高くていくらか驚いたといったこともあった。

以上のようなものを書いたが、私自身がそれから何かできているわけでもない。被災の前後に人々が何を経験してきたのか。人々にどのような対応がなされたのか。具体的には、在宅や施設で生活してきた人たちのなかで住む場を変えざるをえなかった人たち、変えさせられた人たちがいる。仮設住宅に住む人の境遇はどうか。その手前で、どのような経緯で、どこに行ったのか。少なくともかなり長い間その消息がつかめなかった人たちがいるという状況があった。役所の個人情報についての決まりがその理由にされもした。そうしたことごとについて土屋葉たちが調査している。その報告が順次なされていくだろう。

ここでは現場を知らない者が大まかなことを書く。そして特に「田舎」の「平時」を念頭に置く。まず私は、二〇一一年に起こったことが何か時代を画するような出来事だとは考えていない。もちろん特別な事態への特別な対応は必要だが、それを一部含みながら、普通の社会のあり方を考えるべきだと思う。そして田舎について。もちろん、本書が主題とする問題の全体が田舎の問題であるとはまったく考えていない。ただそれでも、田舎にかなり長く、生まれてから十八年はいた者としても、考えてみていいように思った。

いいたいことは単純なことだ。いくらかの人たちはとどまろうと願ったり、いまさら動くことも考えられない。そうしてとどまっている。移動することができるとともに、その場で生活できるようにもすること、普通にその地にとどまれるための工夫はいろいろとあると思う。それをどのようにしておこなうのか。人を手伝う仕事をもっとまじめにやったらいい。そして、そうした仕事に就いて暮らせるようにしたらいい。それを基幹産業としたらいい。このことを述べる。単純な話だが、それをきちんというには、多くの人があまり理屈としては考えたことがないことがいろいろとある。そのいくつかも示せればと思う。

2 基本的な見立て

田舎の人たちは（都会もそうだが、比べればより早く）減っていく。私はそれをどうしても止めなければならないとは思わない。いくらかの産業がそこで営まれている、また新たに営まれる可能性はある。そしてそれはけっこうなことだと思う。しかしそれはどこでも起こることではない。

各地で産業を振興したりする必要、そして／あるいは可能性がどれほどあるのだろうか。特に何もなくてもかまわない、その地域がいずれなくなってもいい、だが誰か住んでいる間は生活させてもらう。そのように考えればいいと思う。もちろん、考えただけでどうなるものでもない。実際そのようになされなければならない。すると荒唐無稽なことだと思われる。しかし原発の誘致にしても、地域間の格差が問題だとはさんざんいわれたのだったし、それは当たっていた。とすれば、原発をやめるやめないの問題とともに、なしでもやっていけるようにするというのが論理的に残されている方向になるはずである。

しかし、あるいはだからこそ、田舎はさまざまに工夫していて、がんばっている。そのあるものはうまくいくだろうし、実際いっているのだろう。しかし競争もあるし、この社会に格別に足りないものがあるわけではない。企業の立地の場所はどこでもよく、田舎でもいいという業種もあるが、そう多くはない。すると何か特別のものを、ということになる。「付加価値」を地域ごとにつけた「特産品」の種類を増やすことはできるだろうが、それでそうそううまくいかないところのほうが多い。それでもやったらいいだろうが、無理はしてほしくないと思う。また、そういうことを請け負おうなどと言ってくる人にだまされることはしてほしくないと思う。その方面に金をかけるなら、別にかけたほうがいいと私は考える。

以上が前提になる認識である。仮にでもそういうところから進める。そして、少なくともこのように低温な話をすると、この震災後に（もその前からも）いわれていることが、それとはかなり違うことが多いと気づくはずである。

私はそう間違っていないと思うが、間違っているというなら、また議論しなければならない。ただ、ここはその場ではないから簡単にする。私は日本一国を見ても、人が余っているといってきた。世界（地球）全体を見たとき、それはいっそう明らかである。働けるが（労働市場で）働く機会がない膨大な人々が存在する。その一部が、さまざまな困難のもとでさまざまな問題を生じさせながらも、世界市場での働き手になっていく。生産物が作られて流通する。グローバリゼーションとはまずは、少なくとも一つ、そういう過程である。そこに生じるさまざまな問題には対応すべきだが、その流れそのものを止めることに正当性はない。

そのうえで、各地で各自が身につけてしまった「なりわい」はそう簡単に外的な事情でなくされてはならないとは思うから、「自由化」には長々と反対したらいいだろう。しかし、ずっとそのままというわけにはいかない。農業も工業もそうだ。すると残るのは、おおむね工業の「先端的」な部分と第三次産業のある部分だ。前者の立地もまた、特に大都会である必要はないだろうが、全国津々浦々ということにももちろんならない。そして人相手の仕事もいまのところ人が集中しているところに集まっている。ネットの関係でいくらかの変化はあるが、そうは変わらない。何より接客業は客が一定数いないと成立しない。だからこそその相当部分は国内にとどまる。冷静に見たとき、こんなことになっている。

すると、この国全体について暗い感じがする。私はそう考えないのだが、このことをきちんといってみるのもまたにしよう。ただ、次のように考えておく。現在でも全体としてそこに住む人が暮らせる財は、その種類を分けていっても、大部分についてはある。足りないところは増やせる。貿易にしても、それが成立するのは相手方に与えるものがあるかぎりであり、外国から得るのは、内部で調達するより容易に得られるからである。そのうえで、(労働以外の)生産財・労働・市場で各自に渡る分の分割・分配は正当であり可能である。すると当然、手取りが少なくなる人たちがいる。かつて税の累進性を下げるときには、そうすると人のやる気がなくなって働かなくなるといわれたものだ。[6] だが反対に、人はもっと働こうとするかもしれない。少なくとも本当に困るのであれば確実に、生産によりいそしむことになるだろう。ならば問題はない。

3　受け取りについて

そのうえで、考えるべき全体のなかで各人の受け取りだけを見ることにしよう。それは三つに分けられることを述べてきた。①基本的な所得と、②個別の事情に応じた加算と、③労働という労苦に応じた支給である。このうち①と②との区別がまったく便宜的なものであり、そのことを間違えてはならないことを繰り返してきたのだが、ここでもそれを繰り返したうえで分けることにする。そしてこれら、所得保障、いわゆる社会サービスと労働（による収入）との兼ね合いについて、ごく基本的なことは別に記した。[7][8]

①について。田舎の人は貧しいといわれてきた。それはなかば当たっていて、なかば外れている。何を計算するかによる。むろんずいぶん金をもっている人もいる。ただ以前の制度（の不在・不備）を引きずっている年金制度の関係があり、また金になる職がないことによって、少なくしか収入を得ていない人もたくさんいることは確かだ。

また、生活保護という手立てを具体的に現実的なこととして想定できない人もたくさんいる。人々に生活保護に対する強い抵抗感があるという話がもし本当なら、一つには、その抵抗感をどうやって減らすかということになるが、実際にはまったく逆向きの言説が全国に流通してしまっている。それだけではない。金にはならないが手放しがたい土地などをもっている人がいることがその仕組みをさらに使いにくくしている。さらに、これも長くいわれてきたことだが、勤め人でない人について所得の補足が難しく、各業種従事者間で「水平的公平」——同じ金をもつ人は同じだけ税を払うこと——が実現されていないのが現実だ。それは人々の間での猜疑・怨嗟を生じさせることにもなり、そうした疑念を避けるため公的扶助を得ようとしないという状態が生まれ、継続してもきた。

だからなかなか難しそうではある。理屈としては、査定なしの給付が支持されることになりうる。現実的には——私は生活保護の拡充のほうを支持してきたし、その基本はいまでも変わらないが——一つに、年金制度を部分的にでもまともにすることである。どんな名前のものでもいい。ただ拠出（徴収）の仕組みは分配的正義にかなったものに変える。それが（きちんと金勘定の管理さえされていない）貯金、保険会社がやっている保険のようなものであるなら、ないほうがいい。「ばらまき」といわれるそのどこがいけないかを考えることになる。基本的に悪くはない、とただ居直らないなら、あるべき仕組みでは③の勤労者に対する「加配」は肯定される——現行の生活保護はそのような制度ではない——から、その部分での不公平も生じないことを付言しておく。

次に、この移転（徴収と給付）と範囲が広いほうがいいことを述べてきた。そして、少なくともこの意味での、つまり財源も含めた「分権」がまったく間違っていることを指摘してきた。(9) 特に人がだまされやすいのは、①についてはまだ国の責任を認めるが、②についてはそうではないとすることである。このとき「近さ」という話が入ってくる。つまり「ナショナルミニマム」は認めるが、「ケア」といった「共」「地域」「親密圏」……にあるものについては地方が財源的にも担うべきだといったことがいわれてしまう。これはまったくおかしい。それで、地震のあとに前述の「考えなくてもいくらでもすることはあるしたまには考えた方がよいこともある」を書いたのでもあった。

そして「補償」と「保障」について。追及し、確認され、償われるべきことは確かにある。それはまったく否定されえないし、されるべきでない。けれど『自閉症連続体の時代』[10]——発達障害と括られる状態(をめぐる言説)について考えた本だが、末尾の補章で公害・薬害などに関わる補償について記している(発達障害・自閉症と何の関係があるかと思われるかもしれないが、関係はある)——にも記したことだが、生活が困難なとき、そして補償を金によって得るしかないとき、それは事実認定(の境界)の問題や、そのことをめぐる内部での分岐・対立を生じさせる。金目当てだという外からの疑いがつらくのしかかることにもなる。そのような不幸を軽減するためには、補償と別に生活が可能であることが求められる。

4 土地に関わる権利と追加費用のこと

①の所得保障は個別給付で、現金給付という方法を基本的にとる。次に、②について、人の身体とそれが置かれている状況に関わる経費がある。これまで私は、身体に関わる差異によって必要になる部分を論じてきた。その人が住まう土地に関わる部分については、わずかしか述べてこなかった。そして一般にもあまり論じられることがなかったと思う。

居住の権利というとき、抽象的には移動の権利と同時に、移動しない権利もあるとはされるだろう。けれどその権利をどんな意味に解するかである。強制はしないという程度のことであれば簡単にいえるだろうが、それ以上になるとどうか。特に国家間のことを考えるとき――地域と国家の間にある問題と、国家と世界との関係としてある問題とが構造的に同一の問題であることも何度か述べてきた――移動しなくてすむ権利の確保はとても大切なことだと思う。「自由」だとはいわれるが、その「自由」のもとで人は、動かざるをえなかったりとどまらざるをえなかったりする。いずれの自由をも実質的に保障することが基本的には正当化されるだろう。それはどのような基準によってどのように、そしてどれほど正当とされるのか。いくつかの論点だけについて述べる。

身体の不如意はあるとしかいいようがなく、そしてその身体は自らから離れない。その不如意に関わる対応を求めるのに難しいところはない。比べて土地は、離れることができなくはない。すると、そもそも土地に対する権利をどのようにいうか。たぶんほとんど気づかれていないと思うのだが、『私的所有論』にそのことに関わる部分がある。例えば、三里塚闘争のことをどう考えるか、以前からいくらか気になっていたということもある。

例えば、ある者にとって、その者の住まう土地が、あるいはその者の作りあげるものが、単なる生活の糧ではなく、その者があることを構成する不可欠のものとしてあることがあるだろう。生存のための手段である。

手段でないという判断を誰がどのようにするのか。個々の人の心的な世界を直接に知ることはできないのだから、全ての具体的な場合についてあれかこれかと判断できるものではない。しかし直接に知ることはできないとしても、試すことはできる。事実、それを自らのもとから切り離すこと、他者に譲渡することができず、それをその者のもとに置こうとする場合にだけ、その者のもとに置かれることを認めることである。[11]

つまりその土地を（売らなくても暮らせるという条件のうえで、というのが正しい前提になるのだが）売らないのであれば、そのかぎりでその土地をほかの誰もが得てはならない、その土地に住み続ける権利があるとするのである。ただ私たちは、財産は基本的に一代限りと考えるから、その権利はその人の死とともに終わる（それでも問題は残る。子もまたその土地で暮らし始める。とすれば、その者についてはどうか。同じ前提からは、住み続け、そして手放さないことによって、その者にもやはり権利は発生していくと考えることになるだろう）。

また例えば――②に限った問題ではないが――「総合評価」が正しいか、である。その人は自然環境が大変豊かなところに住んでいて、それでずいぶんな満足を得ている。だからその分、不便はがまんしてもらっていいではないかというのである。これはかなり私たちの実感に沿う部分があって、まったく否定できるかといえば、そうではないだろう。だが、基本的には採用しないほうがいいことも明らかである。その人が幸福であろうとなかろうと、ある部分――その部分がどの部分かが問題なのだが――は保障するべきとしないと、（ある部分で）幸福な人は必要な財を受け取れないということになる。全面的にかわいそうでなければ得るものがないという、妙なことになる。そのことを『自由の平等』[12]で述べている。

次に、それがどのようなかたちで供給されるのがいいか。個人に直接に（あるいは個人の使用や請求に応じて供給者に）渡すのとそうでないのと、大きくは二つある。私はどちらかというと前者の立場を支持してきた。ただ、場所の差異に関する対応については、さらに考えるべきことがあるはずである。そのことについての議論も実はたいしてなされていない。

「公共事業」は、経済学の教科書的には「公共財」を供給する場合になされるものとされる。その定義に照らしたときに公共財といえないものが公共事業によって提供されているのだが、そもそも公共財についての経済学の定義があまり使えない。だから、政府を介して供給されるべきは何であるかを別様にいったうえで――それは私としてはもういっているから略す――、個別支給でなく供給したほうがいいのはどのような財・場合かを考えることである。確かに堤防はそういう財の一つだといっていいだろうが、それが現物を設置するというかたちで供給されていいのと同じ理由をあてはめていくと、それに該当しないものがさまざまにありそうだ。さまざまが建てられた。いまそれは「箱もの行政」といわれ、近頃はあらかじめ否定的な意味を伴って語られるから、その問題はみながわかっていることだと思いたいのだが、実際にはそれほどでもない。

例えば道路・交通はどうか。もう長いことさまざまな力がはたらいて道路はできた。そして壊れたものの補修がいったん終わったとしよう。それを利用する費用はどうか。手段が複数あるところで無料のものを残すなら、かえってそこに偏りが生じる。経済学的には、道路の公的な供給は「非排除性」によって――要するに個別に料金をとれないという理由によって――正当化されるのだが、すでに有料道路があるように課金は可能であり、技術の進展によってさらにそれを拡大することは可能である。そうした場合には、むしろ料金をとったほうがいいかもしれない。そして田舎では、物流と人の移動に関わる追加費用が生じる。それは多く身体と土地の両方が関わる。例えば、多くの人は自ら自動車を使えるが、そうでない人がいるということである。その分は追加支給されるべきだと主張できるが、どんなやり方がいいのかである。

これまでのように立派なものではないにしても、「公共交通機関」しかないかと思われる。しかし、例えばタクシー券のようなものを支給するという手もある。特に上限を定めず、実績が確認できるならそれに応じて支払うこともできるかもしれない。そして、そこから収入を得る事業者が合理的に行動するなら、結果として「寄り合いバス」的なものができる場合がある、かもしれない。

5 人を世話する仕事のこと

これまで述べてきたこととまったく別のことというわけではないが、人の世話をする人材が必要であり、その人たちが日々の暮らしを手伝えばいいということになる。

するとまず一つ、人手不足だという話があるが、それは間違っている。この分野での人手不足は、単に割に合わない仕事であることによっている。ならば割に合うようにすればいい。

これが「産業」といえばいえるものになる。そしてその収益はすぐに個人、働き手に渡ることになる。人がまったくいなければ、人に対して何事かをする必要もなくなる。他方、人がいるかぎり、そしてその人が世話を必要とするかぎりその仕事はなくならない。

また、そのような仕事にはいくらかぜいたくに人を配置したほうがいい。自力で動けない人、動きにくい人が災害時などに逃げ遅れて死ぬことが多いのは、実際調べてもそうなのだが、いくらか致し方ないようにも思える。そしてそれを減らすための建物のことについては専門の人たちに任せるとして、人について考えてみる。本章の冒頭でふれた短文で、常に有効に機能しているわけでないつながりがあった人たちについては、消息の確認と対応はわりあい手早くできたらしいことを紹介した。日頃はどういうところかわからないような場、そこで不定形な仕事をしている人たちが、こういう「いざ」というときに活躍したし、している。阪神・淡路大震災のときに動き、いま動いている人たちにもそういうところがある。「自立生活センター」だとか「作業所」だとか、一応名前はあって、一方では確かにきちんとした仕事・活動もやっているのだが、それだけではなく、どういう用でといわれると少し困るような、用があるようなないような人たちが集まったり、たまたま寄ったりという関係・場にもなってきた。それがこれまでもいまも困っている人たちの助けになっている。

ただし、このような場だけがそうした機能を果たすわけではない。私自身もそうかもしれないのだが、そんな場が肌に合わない人もいる。基本的に一対一（以上）の関係があり、その関係が組織・事業所で把握されていて連絡がつくようになっているというのは、もちろんそれでもだめなときはだめなのではあるが、非常時に人を多く救えるあり方でもある。特に田舎では人家が散在しているから、人手も手間もかかって当然である。ここで留意しておいていいのは、人を一カ所にたくさん集めたほうがうまくいくという「規模の経済」の利得がここには「あまり」ないということだ。施設で多人数をまとめて世話するという形態は、多くの人にとって平常時にも非常時にも望ましくないし、そして非常時には人手不足になるのだから、人が思うほど得策ではないはずである。実際、このたびの地震のあとも、少なくともいくつかの実例で有効に機能しなかった。

逃げるのが大変だった人がいる。だからといって山奥に集められて、安全に、ではないはずだ。「避難」がそのまま見知らぬ場所の施設への「収容」になってしまうこともある。そのようなことにならない暮らしを、その場にとどまるにせよ、例えば原発から逃れて別の場で暮らすにせよ、どのように可能にしていくかが問題であってきた。それはなかなか困難ではある。ただ、一つごく単純な契機が生き延びる方向に作用したし、している。自分がいる（行く）ところに他人が付き添わざるをえないということ、そんな事情でつながりあってしまうということは、ときにうっとうしいことでもあるのだが、逆に、いつでも、どのような場面でもというわけではないが、大きな災厄時に助かることにつながることがある。実際そのようなことが起こった。

私は「働きに応じた分配」を基本的には否定する立場の者だが、③の「労苦に応じた加算」は肯定する。ここで考えている仕事に対する対価は（準）公定価格と見なせるから、適正な対価を設定することができる。現状の水準が低いことははっきりしている。人手が足りないことはない。その現状を失業率が低いとか、まして人手が足りないなどというのは単純な誤りである。単に条件が悪いだけのことであり、改善すればいい。

特に田舎に手助けを要する人が多くいる、その割合が高いというのはそのとおりだが、ほかの職が少ないこともあって、手助けできる人もまたたくさんいる。震災のせいであってもなくても、少なくともいまさしあたり仕事がない人の仕事になる。そして人がすっかりいなくなるまで人手はいる。そのかぎりで仕事はある。人に付き添う仕事では相手の近くにいなければならない。その仕事はその土地でしかできない仕事なのである（他方、被曝した地域では、出る／残るについて、介助が要る人／介助する側の人たちの双方の事情・気持ちが錯綜して、複雑な問題が起こっている）。

6　ボランティアについて

あわせてボランティアについて確認しておく。ボランティアはけっこうなことだが、少し距離感をもって考えると、それは緊急時に適したかたちである。ボランティアに従事する人をいちいち把握し、公平に支払うといったことには事務コストがかかるからである。ボランティアを必要とするより重要な契機として、普段いらない人手が一時的に入り用だということがある。そうした事態に即対応できる人間たちや調整できる体制を日頃からかなりの数・程度、用意しておく必要はあるが、現場の人数が足りないときに、いったんいつもの仕事を辞めて従事できる人がいたほうがいいことはある。めったに起こらないことについてそれ用の職業人を十分に抱え込むより、日頃は別のことをしている人が、こういうときだからと仕事などをいっとき休んでも働くことは――実際には調整が大変だったり、できることが少なかったりで、なかなか大変な部分はありながら――理にかなっている。次に、こうした活動に一時的にせよ従事する人は「ボランティア」なのだから金を払わなくていいとは必ずしもいえない。いらないという人に払う必要はないが、面倒だからいったん払ってしまって、それでもいらないという人は寄付するという方法もある。

ただ、いったん一段落すれば、そして現地に人手があるのなら、その人たちに――その人の本来の仕事ではないことが多いから、それはときにいやなことや面倒なことであったりするので、その不満に応じる周囲の工夫も必要になることは考えに入れたうえで――働いてもらい、それはそれとしてきちんと払うのがいい。そして、必ずしもフルタイムで働く必要もない。空いてしまった期間・時間でいいのだ。他方、離れた地域の人たちは、何かしたいと、するべきだと思うのなら、たいていの場合、金を送るのがいい。

緊急時の仕事のいくらかはやがてなくなるだろうし、それは好ましいことでもある(逆に、その仕事、特に危険でつらい仕事が今後何十年と続くことはまったくいいことではない)。ただ、人の生活のこまごまとしたことを成り立たせていくための手伝いの仕事は、災害時だけでなく、常に必要な仕事である。そうした仕事に就く人がいくらかの余裕があるような形態で働くことができるようになるなら、それは災害のときにも役に立つだろう。

7　産業であること

②について、身体とその身体があるかぎり具体的なものであるしかない土地に関わって必要になるものについて、それがそのまま③の仕事になるようにすればいいと述べた。それは「公費」を使ってなされる。

それはほかにも比して有効な公共事業だと、いいたい人はいえる。簡単にいうと、公共事業の与える効果はより多く生産することを促すことである。するとその増分について、生産した人はその対価を受け取るというかたちでほかの人の生産物を受け取る。つまりその増分が新たに生産される。これが常にいいことだという保証はない。ただ、その促しに応じる人がいるなら、その人はそうして（働くことの労苦を考えてなお）生産することを自らにとって益になることとして選んだのだから、そのかぎりでは問題はないことにはなる。

では何を生産させるか。何でもいい――穴を掘ってまた埋め戻すといった仕事であってもいい――といった極論もあるが、有用なものであるに越したことはないだろう。では何をするべきなのか。復旧についておおまかには異論はない。防災については、しばらくは同じところに大きな地震は起こらないというのが単なる私の思い込みでないのであれば、いくらか慎重であればいいことになるだろう。徐々に備えながら、まずは日々の生活を楽にすることだ。仕事の量は同じで、その担い手が（家族から）変わり、不払いのものが払われるようになっただけなら、それは名目的な成長ということになるが、その（有用な）仕事自体が増えるなら、それは実質的な成長ということになる。

ほかと比較して、そう悪くないこともある。結局うまくいかない可能性が高い産業に比して、ここでの生産・消費は確実である。そして金が人に直接、渡る。貯蓄と消費のどちらが歓迎されるかは理論や時世や状況によるが、いまはすぐに使うほうがいいとしよう。多くの人はそれを消費に回すだろう。つまり別の人の生産を促す。人件費に使われる部分はより大きい。働く人はその地に住んでいるから、少なくともその多くは地元で使われることになる。

もちろん税金が使われるから、より多く拠出する側にいる人の手元に残る分は減る。しかしその（多く都市にいる）人たちはすぐに消費しないか、消費するものも多くの人にはあまり関わらないものだろう。それより、多くの人にいくらかずつでも渡るもののほうが各地でのこまごまとした消費につながる。

8　誰がどうして抵抗するのか

にもかかわらず、それが支持されないとすればなぜか。何か明るい未来が見えないからだろうか。だが私は、冷静に考えてさほど期待できないものに熱心になる必要はないといっているだけである。

すでに述べたように、私は成長を否定していない。それは基本的にいいことである。そしてそれがここには生じる。

なおいわれていることは、足りないということだ。そういう状況を想定できないわけではない。二人しかいない社会で、一方の人の暮らしのためにもう一方の人の労働のすべてが費やされるといった場合、その世話を続けるなら、二人ともが死んでその社会は終わるだろう。しかし実際にはそのようになっていない。

このことに裏づけが必要だとされるだろう。「世界」を見れば明らかだとは簡単にいえるが、国内に限っても、どんなに——ということ自体そもそもありえないのだが——高齢化が進んでも、そのことは十分にいえると考えている。だが、そうした方面の具体的な計算は私の仕事ではないと思ってやってこなかった。ただ必要なら、『税を直す』で村上慎司の力を借りたように、やってみてもいいと思う。そしてその際、気をつけたほうがいいと思うのは、金の計算もときに大切だが、その手前で、世界には実際には人と人以外のモノしかないのだから、その多寡を考えるべきだということである。すると、人はいる、ということがわかるはずだ。次に、金がないというのは金をきちんと集めることを怠ってきていて、それが累積されていまのようなことになってしまったのがわかる。このことも『税を直す』で述べた。

社会によっては百年以上人が余っていて、その処理に困っていると私は近・現代社会を見る。だからむしろ、なぜ逆のことがいわれているのかのほうが不思議に思える。これも考えておいていい。

一つに国際競争が持ち出される。グローバリゼーションについて先に少しふれたが、それに対応して、ある産業の空洞化→技術立国という筋の話がある。この、そうした成長部門に金を使わなければならないからという話は、数ある論のなかでは考えておくに足る話ではある。ただその「振興」にどれだけの金と人が入り用かを考えてみてもいい。そして、どれだけ成果が（どれほどの投資で）期待できるかも。その場合、そういう部門に直接に寄与できない人間を捨ててしまおうというのでなければ、きちんと生きられるようにしたうえで、寄与する人が邁進できるようにすればいいというだけのことだ。そして邁進して産業が高度化する結果、人が働かなければならない部分はさらに減っていくのである。

もっと素朴なところから考えてもいい。過剰は個々の雇用主にとっては歓迎される。選りすぐることができるからであり、安くすることができるからである。ただそれは余って雇われない人のことは顧慮しない場合である。その状態を放置すれば全般的な社会不安・危機を招くことになりうるから、それを考慮しなければならない場合には違う対応をすることになる。だから個別の雇用者と古い言葉では「総資本」とは区別しなければならないし、それと国家との関係が問われることにもなる。

国家は、ただ放置するわけにはいかない。ただ、そうしてこぼれる人たちのことを顧慮しなければならないとされる国家にとっても、実際には余っているのに足りないという話は、自らが余剰に関わる対応、財の移動を怠るときに都合がいい。そして所得も労働でも分けなければならない人たち、つまりより多くを手にしている側もそれを避けることができる。そしてこれらがすべきことを怠っても何とかなってきた要因の一つに、家族の利用があった。[13] ただその歴史と現状に対して、単に家族の力の減退といった――それ自体は間違っていない――事実を指摘して足りるわけではまったくない。
こうした素朴な、そして古くからあるはずの話を、私はいまだからしなければならないと思っている。

注

(1) 立岩真也「考えなくてもいくらでもすることはあるしたまには考えた方がよいこともある」、河出書房新社編集部編『思想としての3・11』所収、河出書房新社、二〇一一年、一〇六―一二〇ページ
(2) 立岩真也「まともな逃亡生活を支援することを支持する」「別冊 Niche」第三号、批評社、二〇一一年、六一―七〇ページ
(3) 立岩真也「後ろに付いて拾っていくこと＋すこし――震災と障害者病者関連・中間報告」、「特集 東日本大震災と福祉社会の課題――〈交響〉と〈公共〉の臨界」「福祉社会学研究」第九号、福祉社会学会、二〇一二年、八一―九六ページ
(4) 立岩真也「災厄に向う――本人たち・後方から」「学術の動向」二〇一三年十一月号、日本学術会議、一九―二六ページ
(5) 安積純子／尾中文哉／岡原正幸／立岩真也『生の技法――家と施設を出て暮らす障害者の社会学』藤原書店、一九九〇年、安積純子／尾中文哉／岡原正幸／立岩真也『生の技法――家と施設を出て暮らす障害者の社会学 第三版』生活書院、二〇一二年

(6) 立岩真也／村上慎司／橋口昌治『税を直す』青土社、二〇〇九年

(7) 立岩真也／堀田義太郎『差異と平等——障害とケア／有償と無償』青土社、二〇一二年、三七ページ以下、ほか

(8) 前掲『税を直す』二四—二八ページ、立岩真也／齊藤拓『ベーシックインカム——分配する最小国家の可能性』青土社、二〇一〇年、一六—二二ページ

(9) 前掲『差異と平等』二八九ページ以下

(10) 立岩真也『自閉症連続体の時代』みすず書房、二〇一四年

(11) 立岩真也『私的所有論 第二版』生活書院、二〇一三年、二三〇ページ。同書三一一、三四七ページにも関連する記述あり。

(12) 立岩真也『自由の平等——簡単で別な姿の世界』岩波書店、二〇〇四年、一八八ページ以下

(13) 立岩真也／村上潔『家族性分業論前哨』生活書院、二〇一一年

補記

漢字・平仮名表記の統一や「てにをは」、読点の個所などの修正を青弓社編集部が施した。

あとがき

天田城介

本書は、立命館大学生存学研究センターが、二〇〇七年度から一一年度までの五年間にわたって遂行した文部科学省グローバルCOEプログラム「生存学」創成拠点のプロジェクトを引き継ぎながらセンター独自で展開しているなかで生まれた成果である。

特に、本書は、二〇一三年一月十四日、立命館大学衣笠キャンパス創思館一階カンファレンスルームで開催された「災《さい》／生《せい》──大震災の生存学」を編者である渡辺克典が企画・運営したところから生まれたものだ。当企画では、本書の執筆者でもある郭基煥、アンジェロ・イシ、栗原彬、土屋葉、佐藤恵、野崎泰伸のそれぞれが報告をし、司会を立命館大学生存学研究センターの小泉義之、天田城介、立岩真也、そして第一部のディスカッサントを石田智恵が務めた。本企画はいうなれば「大震災をめぐる障老病異の生存学」とでも呼ぶべきもので、社会的反響も大きかったため、渡辺が中心になって報告者や司会者などと相談・調整しながら、今回の書籍化に至ったものである。諸般の事情から当初想定していたよりも大幅に遅れ、刊行に至るまで二年以上の歳月を要してしまったが、各執筆者と編者が本書の趣旨・方向性・全体構成を確認しながら進めることができた。

概要は「はじめに」で渡辺が記しているし、詳細は各章を丁寧に読んでいただくとして、ここでは繰り返さない。ただ、ごく短く本書の認識論的立場を記しておこう。

本書は主に三つの視点をもとに「大震災の生存学」を描出しようと試みたものである。

第一には、震災前にどのような社会関係のもとで人々は生きてきたのか、震災の最中でどのように社会関係を変容・再編させて生きてきたのか、震災後四年を経過した現在、その人はどのような関係のもとで生きているのか、という視点があげられる。要するに、大震災を時間軸の中心に置きながらその前後で社会関係がどのように保たれ、変容してきたのか、そのただなかでそれぞれの人がどのように生きてきたのかを描出しようとした。文字どおり、大震災は人々の社会関係をすさまじい力で変えたが、同時に、大震災以前にそれぞれに人々が築き上げた社会関係があったために、脆弱にならざるをえなかった人々の生存をかろうじて支えてきたところがあるのだ。本書ではこうした世界を描出している。

第二には、そのように人々は災厄のもとでも何とか社会関係を自らで組み替えながら生きていくが、そうした人々の生の技法／生存の実践に対して私たちの社会はどのような位置にあるのか、どのように位置づけるべきなのかという視点を共有した。それぞれの人たちが必死に組み替えてきた社会関係のもとでの生存の実践に対して社会はそれを後方支援するかたち（だけ）でいいのか、人々が生存可能になる別様な制度設計を目指すのか、そんなことがもっとも思考されるべき問いの一つだと思って本書を編んだ。むろん、紙幅的な制約のためにこれらの視点から十分に描ききれたわけではないが、それでも読者に対してこうした問いを投げかけるような構成にするように努めた。

第三には、「障老病異」といった人たちはそれぞれに社会関係のもとで何とか生存しているにしても、それぞれはどのように特徴づけられるものなのかといった視点を意識してまとめた。障害者、高齢者、外国人と呼ばれる人たちのそれぞれの生存を可能にしている差異はどこにあるのか、なぜその差異が生じるのか、その差異をどのように社会学的に考究すればいいのかを強く意識して本書の執筆にあたった。この点も十分に描ききれたわけではないが、その心意気が読者に伝わることを願っている。

以上の三点からこれまでの類書とは異なるかたちで「大震災の生存」を創造的に思考することができたとすれば、それはひとえに執筆者が同じ立ち位置をとりながら進めることができたためであることはまちがいない。むろん、その成否の判断は読者に委ねるしかないが、私たちとしてはそれなりの達成感をもって本書を編むことができたという矜持はある。多くの読者の方々にぜひ一読していただければ幸いである。

とはいえ、時間的・紙幅的制約の点から、本書で積み残した課題はあまりにも多い。それに対しては、各自がその仕事の今後の課題として、あるいは研究プロジェクトの今後の宿題として一つひとつクリアしていくしかない。このたびの大震災は、書けば書くほど、考えれば考えるほどに私たちに次に問うべき課題を投げかけてくる。私たちはスタート地点に立ったばかりだが、それでもやるべきことをやっていくしかないのだ。

最後に、本書が生まれる契機になった「災/生――大震災の生存学」の企画、そしてその後の執筆作業にあたってサポートしてくださったすべての方々に心からお礼を申し上げたい。とりわけ、常に労を惜しまず尽力してくださっている立命館大学生存学研究センターのスタッフの方々には感謝の言葉が見つからない。スタッフのみなさんの献身的なご尽力と温かいご支援のおかげで、一つの企画から本を生み出すことが可能になった。この場を借りて心からお礼を申し上げます。

最後になるが、青弓社の矢野未知生さんにはお礼の言葉が見つからないほど大変なご尽力をいただいた。このように私たちの成果が本として日の目を見ることになったのは、ひとえに矢野さんの丁寧な仕事とその情熱によるものである。刊行に至るまでには多大なるご迷惑をおかけしたが、期待して辛抱強く待ってくださった。厚くお礼を申し上げます。

二〇一五年三月十一日　カリフォルニア大学バークレー校で　編者・執筆者を代表して

補記

視覚障害などで活字版が不便な方に、青弓社から本書のテキスト・ファイルをメールなどで送付します。詳しくは　mail@seikyusha.co.jp　にお問い合わせください。

出会い』（東京大学出版会）、論文に「災害ユートピアと外国人」（「世界」第839号）など

アンジェロ・イシ
武蔵大学社会学部教授
専攻は移民研究
著書に『ブラジルを知るための56章』（明石書店）、共編著に『マスコミュニケーションの新時代』（北樹出版）、共著に『移住者が暮らしやすい社会に変えていく30の方法』（合同出版）、『日本のエスニック・ビジネス』（世界思想社）など

立岩真也（たていわ・しんや）
立命館大学大学院先端総合学術研究科教授
専攻は社会学
著書に『私的所有論 第2版』（生活書院）、『ALS』（医学書院）、『良い死』（筑摩書房）、『造反有理』（青土社）、『自閉症連続体の時代』（みすず書房）など

［著者略歴］

栗原 彬（くりはら・あきら）

立教大学名誉教授、立命館大学衣笠総合研究機構生存学研究センター研究顧問

専攻は政治社会学

著書に『「存在の現れ」の政治』（以文社）、編著に『証言水俣病』、共編著に『ひとびとの精神史』全9巻、共著に『3・11に問われて』、共訳書にイヴァン・イリイチ『シャドウ・ワーク』（いずれも岩波書店）など

土屋 葉（つちや・よう）

愛知大学文学部准教授

専攻は家族社会学、障害学

著書に『障害者家族を生きる』（勁草書房）、共著に『手招くフリーク』（生活書院）、『ケアのリアリティ』（法政大学出版局）など

佐藤 恵（さとう・けい）

法政大学キャリアデザイン学部教授

専攻は犯罪社会学、福祉社会学、地域社会学

著書に『自立と支援の社会学』（東信堂）、共編著に『〈支援〉の社会学』（青弓社）、共著に『ピア・サポートの社会学』（晃洋書房）など

野崎泰伸（のざき・やすのぶ）

立命館大学非常勤講師

専攻は哲学、倫理学、障害学

著書に『生を肯定する倫理へ』（白澤社）、『「共倒れ」社会を超えて』（筑摩書房）、共著に『はじめて出会う生命倫理』（有斐閣）、論文に「障害者が骨折するということ」（「現代生命哲学研究」第4号）など

石井 敏（いしい・さとし）

東北工業大学工学部教授

専攻は建築計画学、施設計画

共著に『施設から住まいへ』（厚生科学研究所）、『超高齢社会の福祉居住環境』（中央法規出版）、『認知症ケア環境事典』（ワールドプランニング）、共編著に『小規模多機能ホーム読本』（ミネルヴァ書房）など

郭基煥（かく・きかん）

東北学院大学経済学部教授

専攻は社会学、現象学的社会学、差別論、共生社会論

著書に『差別と抵抗の現象学』（新泉社）、共著に『シリーズ物語り論1 他者との

［編著者略歴］

天田城介（あまだ・じょうすけ）
中央大学文学部教授
専攻は社会学（特に、臨床社会学ならびに歴史社会学）
著書に『〈老い衰えゆくこと〉の社会学』（多賀出版）、『老い衰えゆく自己の／と自由』（ハーベスト社）、『老い衰えゆくことの発見』（角川学芸出版）、共編著に『老いを治める』（生活書院）、『差異の繋争点』（ハーベスト社）、『体制の歴史』（洛北出版）など

渡辺克典（わたなべ・かつのり）
立命館大学衣笠総合研究機構准教授（特別招聘研究教員）
専攻は医療社会学、相互行為論、歴史社会学
共編著に『触発するゴフマン』（新曜社）、共著に『愛知の障害者運動』（現代書館）、論文に「あいまいな吃音の諸相」（「生存学」第8号）など

大震災《だいしんさい》の生存学《せいぞんがく》

発行　2015年11月1日　第1刷

定価　2000円＋税

編著者　天田城介／渡辺克典

発行者　矢野恵二

発行所　株式会社青弓社
〒101-0061 東京都千代田区三崎町3-3-4
電話 03-3265-8548（代）
http://www.seikyusha.co.jp

印刷所　三松堂

製本所　三松堂

ISBN978-4-7872-3392-9 C0036

崎山治男／伊藤智樹／佐藤 恵／三井さよ ほか

〈支援〉の社会学

現場に向き合う思考

困難を抱える当事者やそれを支える人々の経験は、どうすればすくい取れるのか。回復や解決を安易に叫ぶのではなく、現実に向き合い人々に寄り添うことの重要性を明示する。　定価2800円＋税

澤井 敦／有末 賢／鷹田佳典／門林道子 ほか

死別の社会学

「死別」への社会学のアプローチを整理し、具体的な事例をインタビューや各種データに基づいて読み解く。個人と社会が死別という経験とどう向き合ってきたのかを浮き彫りにする。定価3000円＋税

張嵐

「中国残留孤児」の社会学

日本と中国を生きる三世代のライフストーリー

第２次世界大戦後、日本に引き揚げられず肉親と離れた中国残留孤児。時代の証人である彼らがどう生きてきたのかを一世・二世・中国人養父母へのインタビューからすくい取る。　定価4600円＋税

ジグムント・バウマン　澤井 敦 訳

液状不安

確実性や計算可能性を喪失して流動性が高まった現代社会で、「不安」は多様な形で、多様な場面で私たちの生活とともにある。不安の源泉を明視し、不安に抗する思考を描き出す。　定価4000円＋税